U0122953

心一堂術數古籍珍本叢刊

書名：秘鈔本鐵板神數（三才八卦本）（四）
系列：心一堂術數古籍珍本叢刊　星命類　神數系列　第三輯　298
作者：舊題【宋】邵雍
主編、責任編輯：陳劍聰
心一堂術數古籍珍本叢刊編校小組：陳劍聰　素聞　鄒偉才　虛白盧主　丁鑫華

出版：心一堂有限公司
通訊地址：香港九龍旺角彌敦道六一〇號荷李活商業中心十八樓〇五—〇六室
深港讀者服務中心：中國深圳市羅湖區立新路六號羅湖商業大厦負一層〇〇八室
電話號碼：(852)9027-7110
網址：publish.sunyata.cc
電郵：sunyatabook@gmail.com
網店：http://book.sunyata.cc
淘寶店地址：https://sunyata.taobao.com
微店地址：https://weidian.com/s/1212826297
臉書：https://www.facebook.com/sunyatabook
讀者論壇：http://bbs.sunyata.cc/

版次：二零二一年五月初版
平裝：四冊不分售

定價：港幣　八百八十元正
新台幣　三仟八百八十元正

國際書號：ISBN 978-988-8583-87-4

版權所有　翻印必究

香港發行：香港聯合書刊物流有限公司
地址：香港新界荃灣德士古道二二〇—二四八號荃灣工業中心十六樓
電話號碼：(852)2150-2100
傳真號碼：(852)2407-3062
電郵：info@suplogistics.com.hk
網址：http://www.suplogistics.com.hk

台灣發行：秀威資訊科技股份有限公司
地址：台灣台北市內湖區瑞光路七十六巷六十五號一樓
電話號碼：+886-2-2796-3638
傳真號碼：+886-2-2796-1377
網絡書店：www.bodbooks.com.tw
台灣秀威書店讀者服務中心：
地址：台灣台北市中山區松江路二〇九號一樓
電話號碼：+886-2-2518-0207
傳真號碼：+886-2-2518-0778
網絡書店：http://www.govbooks.com.tw

中國大陸發行　零售：深圳心一堂文化傳播有限公司
深圳地址：深圳市羅湖區立新路六號羅湖商業大厦負一層〇〇八室
電話號碼：(86)0755-82224934

心一堂微店二維碼

心一堂淘寶店二維碼

離數

八千零

零	一	二	三	の	五	六	七	八	九

十九 卄
花開半夜俄風雨
月到中秋驀被云

一千九 二千
缺月多疎星
花殘枝又新

五千一 二
滄湘湖工水
危有洞庭人

二千九 卅
虽無切已之灾
亦有関心之患

原来冤剧一生多
帮助思来半点無

卅一 二
天喜臨位
数該淂子

一十

一	廿八〤	忌取非常祟	須防不測石
二	廿の三	莫為一时利	須知文象凶
三	廿の三	濁浪震天波	偏舟未易過
の	十久口	淡云迷宇宙	春霧鎮乾坤
五		命犯毫危	迎新送旧
六			
七	卅八〤	半途不學休回首	此去加鞭趁意行
八		虽然是個裙釵女	机变聰明到也能
九	五十久口	江心無意下魚鉤	五尺金鱗已工鉤

一 二 三 の 五 六 七 八 九

の十九早十 半生犹若與僧道。
廿二 東方日出照乾坤
先天數定
廿八口 淂處還防失
二十卅九 蹇後運還通
五十八口 撥開荊棘路
廿八口 来往無常

半世孤单業未成
萬里江山爽氣清
子懷腹內夫亡
病中亦有盈
否過終成泰
剔起暗中燈
大半虛耗

三十

	一	二	三	四	五	六	七	八	九
			三十九 四十	卅一 卅二		卅四 三	卅六	卅四 三	
姊妹六人	兄弟二人	姊妹七人	賴有吉神相扶	流轉運要氣		一神退了一神進	一心奔走南北遊	馬走長途逢力倦	
榮枯各別	仝母不仝父	榮枯不一	喚醒春雷醉夢	陰陽有準繩		吉裡藏凶幸不幸	誰知路道有西東	舟行逆水怕風吹	

四十

一 卅三 人無閙乱春風意 却被春風閙乱人

二 卅三 随机應變無深禍 騎馬平康福自增

三 の十三 進退皆無定 守旧必無灾

の 成家之帰 可乘夫权

五 卅九 卅の十 旋風浪捲舟 可知着力处

六 の十六 今歲鸞房天喜動 教書啾唧有持支

七 狂歲多成敗 榮華在晚年

八 の十三 登臨高处 眼界极行云

九 の十の三 画堂帝威何足惧 盃中蛇影 驚

五十

一 二 三 四 五 六 七 八 九

四朵椛在一樹生 參差師妹 戊春

卅八日 眉頭展不開 風生云起雨迴来

師妹五人 原来有數

十二 可惜花開处 天宮嘆不常

四十二 錦繡花開满洞房 笙歌声裏有驚惶

卅九 四十 不是舟人柔不才 江邨風逆実难開

苦也能堅守 終当立大節

四十八日 流年不幸看花眼 不是愁中即病中

六十。

一 二 三 の 五 六 七 八 九

一千九 苦尽甘來 耐心咀味

二千二 終成猿声笑 征夫不忍聞

十八七 暖云未已 怒云继起

數定于季冬 有阻

卅八七 溫溫花工處 頃刻見朝陽

長夏凉風 中秋月色

の千二 父命丁已生 前定

の千八 葵花偏愛日 日色被云遮

七十

三従四德皆堪羨　他日夫君似　梁

一	十二	宿酒困人	几多顛倒
二	の十ス口	亲客為有憂相逢	憂也难逢旧音容
三	の十二	天旱生甘霖	俄然雨施素
の			
五	廿ス口	十分春色	東凡嚓啨夜犹寒
六		虽然是個裙釵女	机変聰明勝丈夫
七	の十の三	高山欲尽処	特之路又通
八			
九	丷十七十九	謁命従天降	承恩冤寵深

一 二 三 の 五 〒 七 八 九

卅ス日
壽祖立成好事業
一双白手掙黃金

の十八七
石工有破鼓之声
当此戒重

千十八七
昔年弾劍食無魚
弾劍于今出有車

の十早九
庭竹長見孫
步〻凤雪裡

卅八七
穿州過府為生計
出外経商遇貴人

五十の三
天運循環
時来運至

の十の三
無心得牛
其牛重尾

別有非当道
青驄到玉墀

日遲無憂
時常欢笑

九十

一　二　三　の　五　六　七　八　九

十入五　盤旋而進　利見大人

の十入ロ　五月榴花放　却被狂凤吹

五十二　凤云相会处　穩步上青霄

十八　江頭昨夜报潮生　清早樓頭看景云

の十二　才堪服眾　方显其能

昔年閨閣多豐足　今日夫家洗甑塵

五十入廿　錦堂瑞氣　洋溢管弦中

兄弟九人　數定

一百零

一　二　三　の　五　六　七　八　九

廿の三　平二　十廿九　の十平九

心行慈善
日夜弥陀
清早鵓鴣帰弟井烟
送終却是頓鈴子
碧潭明月禪心静
飛来柳絮白如棉
山高水深
孤神生命柔清標
真子不如假子强
奪得錦標帰

女中菩薩
終朝礼佛
朦朧柳色正堪眠
桃李枝上菓未成
白石清泉隱趣佳
山北山南帰杜鵑
舟車未易行
半帯優遊半喜勞
烏鵓巢裏哺鴛鴦
显文章之

二百一十

一 二 三 四 五 六 七 八 九

五十八七 破鏡復圓 光明不滅

大鵬生六翮 其羽可高飛

四十〤口 凡事可圖謀 善終而善始

六十六二 夫妻未能齊白髮 子規啼血斷人腸

廿四三 紅塵百歲此 蜂蝶兩交加

卅二一 人事多齊 祇多惆悵

啾唧復啾唧 黃昏四壁蛩声織

廿〤口 父命先亡母後亡 未交十歲兩分張

百二十

一 二 三 の 五 六 七 八 九

心存念佛　志向佛门

卅八七　鵲噪高枝工　頻〻报喜来

卅ス口　坐断江波势渺茫　行人欲渡有彷徨

の千二　火灭烟消情默〻　驪龍项下得珠难

春尽属飞天外去　一身孤雁不斜阳

の千ス中　花同青帅连根癈　柳为风飘带雪飞

廿ス中　南园花朵　迟早未全红

七千の三　秋露成珠　园园不久

の千ス丹　危桥已过休回首　此去前程路又通

对月可怜孤仰坐　秋风一雁已飞

百三十

一 二 三 四 五 六 七 八 九

二千八百 心內西方 身不能到
納粟向前程 不豈朱衣拜紫宸
四千十二 一輪明月蝕 日光凶藏吉
今歲惡星纏我度 跳過灾關延十年
後運交來花發達 恍如古鏡再重磨
五千四三 人事蹉跎年復年 凄凄風雨所啼鵑

一百四十

一 二 三 四 五 六 七 八 九

八字生來格局清 為人磊落更超群

卅八化

江山有新色 精眼見云封

卅又丹

登山路如錦 花紅柳來誇

若然異路向功名 羊觸猿猴可進程

花紅葉落子森森 二十餘年大發興

石上芝蘭根腳淺 全憑陰德始牢堅

七十又丹

靜守方無咎 提防破耗侵

少年勞碌受奔波 財去財來耗散多

妻招金石方為美 偏正方能到鬢霜

云收雨散 晴色上籃詢

一百五十

一 二 三 の 五 六 七 八 九

の十ス口　漫〻柳絮隨風舞　疑是梨花ヨ飛

青囊一卷受未真　全活中州已歹人

廿の三　且圖安樂处　莫戀百花叢

兩字功名休介意　人間生意自豐盈

廿ス口　披麻星臨　棲庭一夜被風殘

七十午几　東裝西去　南嶺落星辰

安心不向青云路　樂享田園作富翁

一十ス口　一旦青云起　番成雨後風

見識高強衣祿週　女人却有丈夫謀

一百六十

九 八 七 六 五 の 三 二 一

廿の三
烏鵲喜鵲同林
白帋青貌共路

四十八乂
紅黃凋落
春色半欄杆

來重人輕寿積人心
此年周過活十五年

月缺又團圓
花開另一天

罒十二
凶事又成吉
名利兩悠悠

の十二
風光今日盡
豪杰此時休

妻小二十七年
前定

の十九
妃央失偶
誰知蝴蝶怕秋風

廿二
舟次浪空翻
洞庭春色空空

七十二
春光遠眼歸西去
一夢南柯去 來

二百七

十	廿三 の	有禄有財休久恋	當行当止　鬼
一		好酒貪花	到处留戀
二		知君多合高人意	口直常招小輩嫌
三	卅九 卯	得之意外	妻夙相待
の	二十三 の	怕看後浪催前浪	總見花開又落花
五	二十二	朝廷多薦拔	廷轉有声名
六	廿二	莫道上元灯好看	更防風雨要时來
七		性愛風流得意多	向左扛酒費吟哦
八	二十丹 入	白髮又添新氣象	朱顏不改旧精神
九	十七 八	月昇云又淹	花發遇狂風

一百八十

一 二 三 の 五 六 七 八 九

二千卅九 七千四八

四千四千九 卅四三

見喜能消晦
祈天可保身

鴉鳴屋角
吉內藏凶

莫言碧玉藏頑石
終逢貴眼達人欽

言和氣傲
性急心慈

早年未遂
末運亨通

漸漸空感退
有有熱氣生

艸堂人散後
烛影怕風搖

多是多非多積蓄
有勞有苦有財能

操持立大節
劈劃丈夫心

二百九十

一 二 三 の 五 六 七 八 九

五十三 の

の十 ス四   卅 ス四

卅 ス四   四十二

一生勤儉　勞ミ祿ミ不閒

無憂季子十年前　斗大黃金時下愚

梅花過出群　清光有瀟洒

有喜無灾咎　無歡必有殃

虽多煩冗事　利祿勝當年

不知分量　拔引奇禍

掛劍有人懷季札　抱琴何処覓鍾期

耕種無財　生涯有利

二百零

一二三の五六七八九

廿八七

甲子之年
久雨不能晴
早運艰难中年宜

春場报捷
逢庚定有日
名利成之有何疑

十廿九　廿八七　五卆九

鵲橋逢再遇
烏鴉飛上叫
林畔听操琴
走逢遥径
洞结曾飛散

花烛又重開
有鶯而无害
絃断不知音
事皆憂悩
枕疑得子

二百一十

一二三の五六七八九

の十九 老梅遇雪未逢春　枯木逢春色又新

廿八七 凉風吹到楚陽台　煩熱消除爽氣來

の十二 眼律回春　芳草自含春色

の十三の 困未宜謹慎　枯木奈年穴

翁先去世　屬猪姑命壽元長

卅九の十 萬物謀為皆入計　四時佳興可遨遊

二百二十

一 二 三 四 五 六 七 八 九

六千六四　七千六四　六千八七　六千二　卅八七　卅六四

有錫不須憂

春深莫怨甘顏色

春風秋雨後

夫大三十二年

室中活旧也徒愁

千江有水千江月

夜靜望青天

数有十二子

时当大利者

最喜桃花噴大紅

艸色遍交加

合数

大数难逃空悵然

千里共云万里天

優悠樂意閑

逢冬八子

二百三十

一　二　三　の　五　六　七　八　九

荷花滿沼　此夕是歸期

卄ス卄　杜鵑啼血悲莊子　月上四更時正哀

卄八乜　東風一陣　淌地紅花

治家有勤儉之能　爰子有斷机之智

卄ス卄　兩驟更風儔　相看吹牡丹

卆十の三　一年又一年　人事只差未可言

卅ス卄　簷前鵲噪喜重重　憂慮潛消理自通

今朝欲托平生事　覓得螟蛉繼後賢

六十辛九　止是同林之鳥　可惜雌者先傷

の十八乜　血淚沾濡　楊花歷乱子規啼

二百四十

一 二 三 の 五 亣 七 八 九

向人前能言能語　撮中饋善作善為

三八年未運始通　成家立業事和同

卅三の　中流遇淺　潮水有待

性巧心靈優質氣　治家節儉有餘能

好花富人家　未若貧而樂

雖然是個裙釵女　不著頭巾賽丈夫

五千平九　冬林忽晴霽　有象盡欣顏

の十八乂　楊花飛舞　杜鵑悲秋

二百五十

一 二 三 の 五 六 七 八 九

二十三の三 の十ス四 の十三の 　 の十八七八七 卅八七

蔗味有甘 咀之不厭
淑氣動搖 現出豪華物
牽綱得魚 全脩相忌
父命內寅生 合散
妻小二十五年 前定
花外鳥聲歸 春來芳草肥
池畔撫琴 遊魚出聽
命主恩榮 曾取少年及第

二百六十

一　四千八口　危槁之下陵难言　有命從今事不全

二　廿卅九　雨兜出于押　征夫不敢行

三　六千千九　一輪明月蝕　自觉吉藏凶

四　妻小二十一年　註定

五

六

七　四千千九　吉曜相扶　常加勅賜之恩

八　卅四千九　心正從中道　所費得太平

九　廿卅九　有財有用未逢時　多少昇沉未所思

二百七十	一	二	三	の	五	〦	七	八	九
五十八七	の十スの			〦十七九十		の十の九十		〦十一二	
軒輕飈清風	筭來究竟不如閑	乘舟渡日月	五朵桃花	飛符來臨自速其禍	の七之年運已通	俄然風捲浮云	伯道甚見天意	旧恨新愁且休聞	洞房榮枯事
虛心皆自得	回頭及早學神仙	天表接烟霞	榮枯各別	官法如炉死于殺命	喜財並進樂其窮	放出中天日色	幸遇犹子唱高歌	須知至此漫安榮	花燭謝逐閑

一百八十

一	二	三	四	五	六	七	八	九
		四十八			卅二	卅三四		十二
耄花三朵 各自榮枯	早歲顛連未有成 晚年風景自安榮	風吹云散日光華 枯木開來有好花	姑節屬鷄 定數	不遊孔子之门 乃讀蕭何之律	正要賞花天又雨 急忙下釣水生冰	一枝杏花紅連捷 皇都得意回		雲霧侵明月 風雷遮日華

二百九十 曰刀單而真家 曰刀單而破家

一 四千五百四 淂人相贈处 擇地有黃金

二 二千五百四 慈航普渡 早登菩提

三 晚年增福 有子振家声

の 姑爺屬大 定数

五 四千九十 前頭後盼 掙過坡嶺

六 四千八百七 風捲浮云去 天開日漸明

七

八 七千九十 里云遮天 空中墮石

九 十九十 喪刀相並 棟梁傾頹

二百零

一 二 三 四 五 六 七 八 九

十八七
見喜無災
祈福免患

廿二
好生描翠黛
曉露濡芳情

一千千九
老將勝黃忠
安然立大功

莫怨當年讀一經
鼠頭牛尾便飛騰

其年延過
還有一紀

四千千九
徹夜風雨
吹落梅花片片飛

其年延過
還有一紀

枯節屬猪
數定

三百一十

一　四千八七　錦上添花　倍增其彩
二　四千六千　时逢方来　謀為有寧
三　兄弟三人　仝母不仝父
の　五十二　是〻非〻未有寧　東撑未久又西撑
五　结数已定　歸于臘月
六　怙命屬猴　定数
七　四千六千　諸吉畢至　財源滾〻而来
八
九　九十　鶺鴒在金籠　声嬌不自由

三百二十

一		兄弟四人	仝母各父生
二	卌八七	狂謀圖進用	枉費竟無功
三	の十九 平九	声名光宇宙	皇都得意回
の	ロ十二	人不追黄金	黄金隨人轉
五			
六	卌スロ	終朝號泣于天	子結玲瓏菓
七		兄弟六人	仝氣不仝心
八		芝蘭因種德	却羨滿庭芳
九	ロ十九 平九	守業安居	無危獲吉

三百三十

九	八	七	六	五	の	三	二	一
四十〢		四十久日	丗四三				廿〢	廿久日
山高水深	猿哭山頭	到处交情容易投	夫生季月	漏滴声轉午	云淡月明	四八之年美運通	父命丙（丙）戌生	狂風吹竹	好將短手爲長事

一　好將短手爲長事　莫听傍人說是非

二　狂風吹竹　搖動茅屋

三　父命丙（丙）戌生　註定

の　四八之年美運通　倉箱稻盈富當隆

五　云淡月明　花開雨晴

六　漏滴声轉午　槐陰影正中

七　夫生季月　方准此數

八　到处交情容易投　春風馬上貴人留

九　猿哭山頭　小口有憂

九　山高水深　畫名待人

三百四十

一 二 三 の 五 〃 七 八 九

十八七　の十八七　二十十九　日十ス日　の十ス日　の十十九　十ス日

夫亡水拿
細雨濕衣看不見
廊廟瑚璉器
貴德相期便可從
月落寒紅
知音提携西南去
野渡自逢舟
昨宵雨過蒼苔滑
到大之性

合數
閒花落地听無声
室懸玉生輝
庭前枯木鳳來棲
一層一層
收拾江山入畫圖
先勞而後裕
休向簷前陰處行
偏有讒謠人

三百五十

一 二 三 四 五 六 七 八 九

卯辰 謝安選勝東山 終朝濤海吟詩

卅八 運宜先退讓 方可免災侵

獲得金鱗罷釣歸 江頭月落夜眠遲

卯酉 卅二 妻來芳艸依然綠 雪裏梅花色更妍

山空月冷猿声切 林遠風高鳥倦飛

子午 卅九 妻小十七年 前定

花用石工 結菓也無收

二百六十

一 二 三 の 五 六 七 八 九

の十平九

有祿有財促晚景 無憂無慮樂昇平

不進須當退 方無眼下愁

忠厚立身 天賦之性

妻小十八年 數定

廿卅九

日出被云遮 時下光輝掩

の六十八七

陰山有積雪 三丈白雲飛

の十平九

彤云密佈 飛舞梨花

廿卅九

掙過一程皆利坦 行為何事不勞神

三百七十

師妹二人　花開二朵

一　卅の三　小盈有大窮　孤云終出嶺

二

三　恩中招怨　義処生非

の　廿一二　瑤琴絃斷　一曲関雎韻未終

五　妻小十六年　註定

六

七　の十半九　紹祖宗之箕裘　啟後人之事業

八　洛陽地理遨遊　行李蕭然一敝裘

九　の十不丹　三両枝花方結実　百千頭緒未開懷

三百八十

一 二 三 の 五 六 七 八 九

廿八

哀哀泣泣　刑傷之時

四子居猴　前定

廿八七

亘火如龍淵　其室有蘭玉

妻小十九年　註定

兄弟四人　我独居三

十廿九

妻晚梳花　色艷芳帅

生前乳哺方成約　永別方知有阿孫

三百九十

一　二　三　四　五　六　七　八　九

卄卅九　寸陰惟我積　稼穡爲君謀

卄卅九　掃盡長空　放出蟾光皎潔

九十旧九　老樹落葉　歸于本根

卅〤〇　竹蜜不妨流水去　山高豈礙白雲飛

二十二　百福駢臻　喜氣洋溢

五十四三　海棠着雨　洗去胭脂色

二十〤〇　江南十日九風雨　紅杏枝頭久好喜

卅九二十　正宜展翅向前去　好個聲音處處聞

卅四三　平途遇馬　順水行舟

四百零

一 十の三 柳色乍生新連綠 花將開發自時紅

二 の十五十九 琵琶江上曲 田首動悲愁

三

の 五十一二 陽氣復來先報喜 雪餘欢笑賞紅梅

五

六 の十八七 時当久旱 俄然一雨施

七 六十八七 桃李春風重燭慢 芙蓉秋景正光華

八

九 六十八五 崇高富厚 五福咸備

四百一十 一 二 三 の 五 六 七 八 九

六十七八
の十九の十

四子属帝 合数

母先辞世 抱恨终天

卞和献璞玉 先辱後荣身

山深路遥 推人指引

蒼龍出海 波涛评潮

父土母木妻火生 合数方准

四子属马 合数

四百二十

一	卅二	田禾有稻	財帛增多
二	廿八	騎馬走長途	不如牛背穩
三	廿八七	履進不履退	固守可得康寧
の	廿の三	賴有貴人得相合	驚惶之处不為凶
五	五十二	浮生驟散云相似	往事如今夢一場
六	の十八七	今朝歎作歸程計	淌眼尽是空流泪
七		四子屬虎	前定
八	平八七	山南山北杜鵑啼	句〻頻〻喚客歸
九	五十の三	雨過雨晴	及時行樂

四百三十

一 二 三 ○ 五 六 七 八 九

三子屬猪　　合數

^{六十二} 夜雨正逢妻　　宇宙生和氣

^{七十三○} 良田種松菊　　節操自盤桓

^{卅九○十} 湏防口舌易成功　　不関己事也当遲

^{五十〤口} 凤恬浪静　　便好行舟

四子屬鼠　　合數

四百四十

一　二　三　の　五　亽　七　八　九

四十九

有子送老
坐暗室中
若逢牛鼠前途去
妻小二十妻

五十八

忌把陰功祈善保
命主田祿也究

の十二

云雷星斗現
好成人美事

偏房所出
流營煌燿
一路安然事事亨
合數

怨字無心一在頭
前生已定
名路馬歸輕
偏引迷結多

四百五十

一 二 三 の 五 六 七 八 九

異路功名有分　登科榜上名

の十九 十平九　旅人岐路涮　停馬対斜陽

此命運逢多享福　堆金積玉滿倉箱

廿の三　待之宜謹慎　終可免他非

卅平九　紅鸞加白虎　吉处变成凶

の十三 の三　入耳秋声　音人愁绪

數有偏枯　良人帯疾

七十六　白虎現形　其年有刑

四百六十

一 二 三 の 五 六 七 八 九

一六千五四　一六千八七　廿八七　の六千八七　の六千五四　一六千五四

桂樹花開結果遲　枝稍有实衆稀奇

钱財耗散　似雪洗湯

子孝孙美　所棄無拘

鬼患須防　見机無害

所需今已得　有欲尽從心

估死非命　大数当逃

数该绝处　今朝早作歸程計

不憂不惧　無害無灾

四百七十

一 七十八 歸隱歡娛萬事足 兒孫遶膝送歸西

二 壽有六旬六歲 最怕潼関之阻

三 二十六子 功成業就 拱手安居

四 の十二 前途自有吉神迎 任有波洋急湧前

五 卅六子 一陣輕風從地來 芰荷香送滿樓台

六 十八 寒温失所宜 災星自相隨

七

八

九 善治管絃 能調音樂

四百八十

一 二 三 の 五 六 七 八 九

卅ス日 绿添水减处 鳥鳴在枝頭

日十六二 楊花歴乱空中舞 疑是漫〻白雪飛

卅八七 謹守終吝咎 灾消禍亦消

卅三の 枝持定見功成日 凤捲云用计従容

の十二 皇都春正麗 直到凤凰池

四百九十

一 子十二 欲向歸程路 滿堂見女送歸西

二 得意馬蹄輕 踏遍長安春色

三 廿八 楚樹吳花景色鮮 燕飛鶯舞艷陽天

〇

五

六

七 廿三 本是光明(風)霽月 却防別岫云迷

八 用剛求速進 惹盜日消磨

九 十八 輕云扶日工 秋風送潮來

八千五百

零	早十ス日	財來遂意	謀事如心
一	の十八七 卄の三	穷愁相对	止是艰难时
二		登楼玩月	秉烛吹箫
三		毋命戊辰生	數定先天
の	日十の三	東来西就	日進月新
五	卄ス日	杜宇南枝半夜啼	高堂樓樹晚風吹
六	卄の三	风阁就楼去有家	高衢前進莫嗟吁
七		翁属牛	姑属兔
八		十一子属土	合數
九	卄ス日	錢財驟發	千潮洶溢江河

五百一十

十 廿五四 門戶常相守 春風入戶空

一 廿八七 緣木求魚 又不可得

二 九十 筍生于林下 長養自茂芽

三 廿五四 月初微見一痕生 雖到中天也未明

四 卅二二 或泣或悲 山雞相舞

五 六十八七 寡營自在翁 安居喜氣臨

六 貴人指引徘徊路 羊角秋秋自有梯

七 卅八七 陸地行舟 往費精力

八 卅の三 其年災臨 禍及庚君

九 の十の三 可惜桃花將謝地 吩咐東君且慢吹

五百二十

隹樹開花結果遲　枝稍有實最相宜

一	〡千三の	錢財耗散	烈日融霜
二	〡千千九	子孝孫賢	所業無拘
三	卅八七	烟云朝会	日色無光
の	〥千二	思患預防	見机無害
五	の千八七	所需今已得	有欲尽遂心
〡			
七	七千二	愛敵天工鼓	跣足履冰霜
八	の千〤〥	教談絶处	今朝早作歸程計
九	〡千二	不憂不恨	其害無实

五百三十

〤千八七 溽暑既消 两腋生風

一 卅〥〤 蓋因流水落花 多少愁事傷心

二 廿二 笋長南园过旧竹 花開上苑勝仙花

三 〤千〥〤 功成業就 拱手安居

の 卅八七 前途自有吉神通 信在白羊城一座

五 卅〥〤 一陣狂風沿地來 芰荷相送滿樓台

六 五六 寒寝失所宜 灾有自相隨

七 廿〤三 風急有舟休喚渡 月明無伴莫孤行

八 廿〤三 心中有事難言 逢人强笑向前

九

五百四十

一　二　三　の　五　六　七　八　九

十二
綠滿紅塵処　鳥歸花落天
十一子屬大　前定
七十の三
楊花亂舞空中　总使繁華也枉然
廿八四
謹慎終無患　災消禍不消
庚親未喪母分离　再嫁他人又結福
根基少倚還重立　財帛生涯自掙成
十八七
扶持歡見功成日　云開風景自從容
遲日皇都春日麗　馳身直到鳳皇池

五百五十

一　十二　天恩未振　戾桌早已付崑崙

長子属金　前定

二　四十八四　綠楊烟鎖半黃昏　愁听楼頭杜宇声

三　廿八七　楚樹吳花景色鮮　燕飛鶯舞日和天

四　數有金木子　合數

五　長子属木　合數

六　廿二　本是光風霽月　却防別岫云遮

七

八

九　四十八四　彩云扶日上　秋水送潮来

五百六十

一 二 三 四 五 六 七 八 九

廿二 隴頭消息報春來 日暖春潮信早來

卅四三 水边唯進步 進步不須停

九十 小蚌生明珠 莫栽綠楊津

四千四九 枯楊生綠色 冬去見春回

六千六九 鼓缶而歌 日暖和風

六千六四 潯工家高樓 笑边景色收

四十二 太陽行月杪 罗計掩其光

卅四九 其年大梅 喪及戾親

卅六四 自然笑不利 平步上青云

五百七十

一　二　三　の　五　六　七　八　九

宜丑在石　良工頎聘

三子屬鷄　前定

〤十〤九　曉風吹芍藥　預藥避風台

卅八〤　花正開時蜂正鬧　連霄風雨葉披离

有阻亦有節　先憂後必昌

六親少靠並难得　勤儉之中慶有餘

拔有土木子　合數

廿二　流水亦有災　床前床後鬼相猜

威風秉烈馬　閙看六韜文

の十〤午　流分虽有害　終是吉無疑

五百八十

一 二 三 の 五 六 七 八 九

の十卄九
雲開日色艷
風靜竹枝安

の十二
綠云星現
時進廷榮

姮娥生桂子
月缺又同情

三
紅蓮初出水
青帅怕飛霜

十二子屬土
合數

十卄九
莫道坦途無荊棘
猶恐錦中有暗針

の十又四
為向女佳人
花開能有几

十二
石頭伏路休疑虑
弓影済盃莫認虵

五百九十

十　廿卅九　花含曉霞重　淚濕上胭脂
一　六十二　多因風雨花零落　欲渡清波久便毋
二　廿五十　花容艷色皆因雨　月不光明只為云
三　卅卅九　父当亡　淚染麻衣痛斷腸
の　の十八七　多能更多達　事轉人皆悅
五　五十八七　舉步踏青云　登山如平地
六　の十五九　人多吉慶　家室豐盈
七　の十五九　梅開際会　柳放及時
八
九

六百零

一	の十ス日	莫羨桃李盛	專天雨露宜
二			
三	卅ス日	謀休疑	居莫憲
の		十一子屬水	合數
五		長子屬水	數定
六	卄ス日	晚色用需	却被云迷
七	卄卅卅几	云影莫不掘花懶捶	姿容惟悴減精神
八	卅八乂	素數當終	人雍百子堂上
九	卄ス日	取次東風便	江頭好掛帆

三百一十

十　の十八七　几陣狂風吹杏花　暮春一夜捲黃沙

一　卅八七　守靜方无咎　謀為事不諧

二　の十八七　冰肌暗裏精神倦　花放殘春雨又淋

三　八十九の十　南柯夢入華胥國　人意英雄談話中

の　卅二　鶯有健翼　遠舉高飛

五　卅八七　為月登樓去　云生星斗迷

六　卅九の十　好事乖成　遇匪人而有阻

七　の十二　正欲梳粧臨寶鏡　誰知懶倦臥蘭房

八　の十二　欲上高樓正遇梯　纔身直上白云梯

九　卅九の十　其年註定飛來禍　畀責官非兩破財

字二十

一 二 三 の 五 六 七 八 九

五十八七	先向黃花泉去	另待故人來
の十九	沙上有浮鷗	兩兩相戲
十廿九	未經寒食花先謝	不到清明柳絮飛
十ス日	突生意外來	不是先生果不才
卅ス日	一朝喜得清風便	相送偏舟過遠山
の十の三	幾度憂心棲未寧	言公相侮晦相侵
の十二	花爲雨寒無彩色	柳因風冷欠精神
廿ス日	需需怎相待	煩遠及爲突
の十の三	薰風習習	吹動綉簾來

二百三十

一 二 三 四 五 六 七 八 九

七十三 四　日影欹西　逢橋而悵

歸妹三人　數不差分

四十五四　事机不蜜　反招其咎

廿卅九　天奪其寿　不及顏回

廿五四　雨收云散見青天　春色光華暗度年

四十四三　魄隨流水去　魂隨落花飛

天為蓬島屋　風云作錦屏

廿二　鹿鳴晏罷　身騎駿馬入瓊林

六百四十

一 二 三 の 五 六 七 八 九

卅 四十九　過盡前灘与後灘　前灘總險不為难

卅 の三　大夢一回　只斯而已

卅 の三　家室蚕房间　凤皇在巢穴

三子属水　数定先天

五十 の三　天地常存　年華已盡

卅 〤〤　萱草经霜萎　奼花飛雨散

の十 八〤　寸鉄也沉　重圍可哭

母命丙午生　數定

二百五十

一　二　三　の　五　六　七　八　九

卅入日　秋闈墨未乾　工苑又連科

海上炯起防回祿　禍起蕭墻總不知

三子属牛　前定

廿一二　見險雖难退　暫休且喜安

个十一二　收是仙翁成道日　南柯一夢了終身

莫道無子送終　數中原来無子

廿乃三　月朗星稀　烏鵲遶枝鳴

二百六十

一 二 三 四 五 六 七 八 九

十九 廿九　廿三 廿四 廿九　卅 八 七　廿 卅九　廿 四 六　四十 二

水濺江波急　烟波弟須潮

救生三子　我生一兒

父土母金妻木生　救中註定剎方真

歡作遊春計　天空風雨多

名進賢關　文章入泮宮

祥光出耀　事事喜重

月走云程天不動　水流舟去岸难移

好運隨人　得心應手

迷失前途路　桃源尚可尋

時逢運到　福增而昌

百七十

十	廿八七	念九念八父当七	永别紅塵不在堂
一		好修清静缘	不入凡塵隍
二	の十九の十	百花蜂煉蜜	勤苦為誰忙
三		一妻又一妻	刑尅不相宜
の			
五	の十三の三	不須执戟揚鞭	此是身衢得意
六	廿八四	假使見危終獲泰	後来是否不須憂
七		峥嵘禄馬	進加八座之尊
八	の十九の十	百謀千遂	一舉十成
九	五十三の三	十謀九得	魁自天来

六百八十

一	二	三	の	五	六	七	八	九

の十八乂　雨裏谢花風裏竹　動用行藏尚未足

廿の三　江山歷遍崎嶇路　水口陰人向信音

の十の三　淂時騎馬如猛虎　此時平步上云梯

卓立河边猪遇犬　偏舟齊集待人来

九十　势若孤舟横渡口　犹如秋月隐云间

六十八口　容顏多進退　白髮好精神

卅八乂　万里関山東復西　看来世事尽成非

卅の九　風吹伴侣齊塵去　雨打花央两处飛

六十二　雲收月色到中天　雪壓孤松〻更堅

二百九十

一	二	三	四	五	六	七	八	九
五十八七	五十一二					卅二	卅四三	四十六四
世情皆好处	力量過人	韜畧驚四海		夫唱婦隨		暗裏招財	故国山林不是家	動止行藏喜
心事合天然	不当之勇	声名振边疆		上和下睦		重〻迪吉	未生涯处却生涯	相逢出入亨

七百零

一　兄弟二人　一人披剃定為僧

二　一妻不能偕老　二妻方許齊眉

三　二十の三　良辰美景皆堪羨　明月光華可勝遊

の　卅乂日　但當存謹慎　身可免災迍

五　五十一二　展開金屋暢　洗出蜀宮城

六　十八七　月昇雲又掩　花被雨來侵

七　卅八七　急水行舟　狂風難抵住

八　日十一二　雲迷月色不光明　雨打嬌花彩色稀

九　十一二　流年本乖　災禍相侵

七百一十　六十三四三　一番人事多更变　几許艰难路不平

一　四十八七　古鏡重磨　光崇勝昔

二　數有六子　淂以送老

三　五十八七　月下看天心　咫尺天顔近

四　廿一二　彼此俱蒙昧　何須用意攻

五　四十一二　家成業就　財至如泉

六　若問成功日　还須四九年

七　七十四三　棟梁已坏　不能復支

八　四十四九　紫微星照　禄位官高

九　四十四九　風恬浪靜　便好行舟

七百二十

一 廿八七 宇宙運三才 乾坤抛未足

二 卅の十九 鵰有健翼 一展摩天

三 卅八七 江山新雨過 人在錦叢中

の の十の十三 金風颯颯 西成有望

五 の十八七 却將三尺竿 莫作中流柱

六 の十の十九 心能正直 財自天来

七 五十五十九 其年多不幸 飲酒黃花遍性情

八 滿心解印歸三徑 棲樹已傾頹

九 几載宀窓志未成 不如收拾學歸耕

七百三十

一 母先辭世 廣晴鏡台空

二 辛九 卒九 太陽照无咎 海漲得帆風

三 卅の三 事業生氣 漪目繁華

○ 長子馬土 合數

五 廿の三 養魚盆沼 不礙綠編

六 卅二 大暑紅云現 風狂白浪生

七 の十 又十 傷心歎斷腸 血間點胴腊

八 紉诶承继 兩度双親

九 平 の三 夕陽西落 不在乾坤

七百四十

一 の千の三 經之營之 辛勤度步時

二 の千八乂 掘地得金 大得其望

三 の千早九 能噓氣而成云 直直〻直工

の 卅早九 风雨兮一竅 不用奏韶音

五

六 の千早九 爭訟不已 更相牽繫

七 五行家重是刑傷 六岁未遇丧父亡

八 廿卅九 君家及懞懂 身安還在中

九 の十一二 須求成實者 方可免貽羞

七百五十

一 二 三 四 五 六 七 八 九

五千十六四 杯水成河海 乾坤自我持

五千十六四 公私皆涉 人事底定

三子屬蛇 合數

五千十四三 寅中元出現 謂具事重新

四千十四三 行人在岐路 指引有漁郎

卅八十九 人事谷帛又還增 錦綉粧成富貴妻

四千十八九 喜鵲營巢久 鳩居忽變遷

墻脚影麻屋後田 一生操節掙家園

七百六十

一	廿八乂	位值青瓏	名曰福家
二	廿一二	念一二歩有刑傷	棲庭無処禱艮方
三			
の	五十八乂	莫怨秋風急	好音春日来
五	乂八	嫩草霜期	清早色萎
六		三子居兒	數定
七	廿五口	悪曜相侵	高堂有犯
八	の十早九	潯陽江工	根道早潮来
九	五十八乂	掘井得泉	未能止渴

七百七十	廿二	千岩清秀	萬壑爭流
一	五十 八四	世事枕如春夢	奔波也是枉然
二	四十 八四	失困枕濂未濟未	江边水漲有河開
三		二子屬金	合數
四			
五		夫星旺相身星弱	慢作偏房室內人
六		三子屬羊	合數
七	廿 卅九	千里風帆輕	波平浪不驚
八			
九	廿 四三	光景勝于前	如春花之忽發

七百八十

一 二 三 の 五 六 七 八 九

二子屬木　合數

の千一二　青天雷声　君子怖惧

の千千九　人在紫微深处立　笙歌韶樂在其中

卅六四　任他馬駿当頭炮　自有中軍兩腋車

九十　妻天梔李　日長姿容

廿の三　中天日色　華堂開展日華濃

卅八七　花開未久妻光尽　可惜瓊枝一旦傾

一千一二　知机字作山中竹　近水樓台先得月

七百九十

一 二 三 の 五 〤 七 八 九

廿六 曉霞簇錦綉 偏照画堂明

五十十九 田既受已井 心安身厥長

の十の三 思衣思食時常有 無禍無殃福自然

廿八七 月出除云垢 花開風雨傾

廿八七 期人憂不重 支持要思量

の十十二 悠悠初履不須憂 兩処煙林不用求

數有不幸 身当常疾

の十八七 妻洒今朝血 忽然极比鄰

の十十九 禍患相攻 暴雨疾風

八百零

一	〥十一二	牛行西北起	觸目自輝煌
二		兩人一个處	孤雁怨而飛
三	五十ㄨ口	嘗盡艱辛	苦味囬甘
の	の十ㄨ口	清波映明月	引出游魚躍
五		夫君當配黃门客	先天註定不差移
六	八十九八十	步暮陽陽惜景程	天涯霜雪被中傷
七	廿ㄨ口	運之所至	其憂慮之可慶
八	十の三	一朝風雨	日色無光
九	の十二	披麻星照	晦星在命不審身

八百一十

一　廿の三　高山曲轉巳千尋　洞口漁郎來問津

二　廿〤〥　動用周旋　來遂其志

三　平十九　云鎖天边月　雨打工元灯

四　男女命指方潟濟　忽然傷去不留存

五　十の三　馬來馳驟　先失其轡

六　平十の三　一朝天賜佳音至　治業勤高曾爲民

七　母命丙申生　註定

八　翁屬牛　姑屬虎

九　廿の三　愁鎖娥眉　泪沾翠袖

八百三十

一 二 三 の 五 六 七 八 九

七十二 松窟期高寿 凤光暗室移

卅卯九 君子当思吉 存心悪小人

㕚 卅九 凤雨摇空 棲枝已落

廿一二 東凤着意吹嘘 生机巳動

二十二 𦐇天偏不仁 頓起晦相侵

の十三の 鱼水百年间 金鱗三十六

其年廸過 还有三年

八百二十

號	碼	詩	
一	十八	一鳥失兩翼	未入百花叢
二		夫命庚申生	合數
三		三雁高飛一隻去	一丁青青一丁黃
四	廿八	相打場中莫去	是非之水莫臨
五		二子屬犬	數定
六		翁屬木	姑屬水
七	卅四三	數沃浮子	
八	廿 卅九	妻盡愁難盡	花飛減却妻
九	廿二	浮也易失不難	劝君仔細看

八百四十

一　二　三　の　五　六　七　八　九

廿二
七千九千九
三千七千九
四千四千九
日十四三
卅入日

登臨高处
滿目極淂云

南極星臨
瑞氣添新

二子屬鷄
前定

廣種心田
吉神獲祐

課雨問晴
及時行樂

其年延過
還有五年

吉士宜逢泰
光輝日漸增

多恐有悲傷
中堂泪兩行

求之得之
頗為如意

八百五十

一 十六 花影驚疑家犬吠 月明如畫慢鷄鳴

二 三の 身在室瓶中 落在金井畔

三 四十三 陽関一曲断腸声 艸色青青別故人

の 卅九 四十九 筆凍嘴呵連口黑 灯昏手剔指沾油

五 黃菊綻東籬 秋花勝春色

六 卅の三 建国安邦比牧候 和民服象樂無憂

七 四十の三 高枕北窓下 常鼓其腹

八 四十四 黃金渤發 湧泉而出

九 廿六 麗日融融 春風吹柳隄

八百六十一　七十六廿　秋月葉落枝难定　浪撼孤舟櫓不平

二　卅八七 の十九　蜜云空佈难成雨　晓日將昇不相霜

三　高卧南軒　優々自得

の　廿の三 の十九　金风飒々不堪言　堦下萱花堕粉墻

五　羣鴻列陣飛云渡　彩鳳移时万里遊

六　七十一二　朝霞映日　光煉画堂明

七　堂上椿萱茂　児孫慶寿長

八　廿九 卅九　正欲登楼覌皓月　何期又被黑云迷

九　卅 の十九　江南春到　百卉將红

八百七十

一	丑十の三	安然獲福	漸尔亨通
二	廿八乂	世界凭短棹	浔浪過江来
三		数当承继	兩度双親
の	丑乂	好鳥帰妻	鼓瑟相和
五	三十の三	去年風雨阻帰程	今日重逢旧主人
六	廿十乂	念五六歩父当亡	祈禱尽成空
七	の十乂十	一片白云遮戶	披麻孝服相侵
八			
九	の十乂	口舌終須有	貪杯忌有傷

八百八十

一 二 三 の 五 六 七 八 九

廿八七 妻遇尽了 好向泉下行

卅一二 天奪其寿 不及顏回

の十八七 怨然沉疴 二豎何多作祟

二子屬鼠 合數

の十八七 途中逢水斷 浮舟又遇風

の十の三 白云遠戶 孝服相侵

卅の三 一泓清水照鏡 滿堂彩色喜相逢

廿の三 紫燕在秋歸 遲遲尋旧巢

八百九十

一 廿二 有利先君者 廿方莫工弦

二 の十の三 鑿井得泉 天然之慶

三 六十八 几多煩惱 付与東風 凬

の 七十の三 黄蜂多粉蝶 飛擁百花叢

五 七十の三 梅花卸却杏花新 忽有東凬作故人

六 の十二 雨中妻色园林茂 月佛秋天分外明

七 二子属鷄 合数

八 卅二 移花接木 其根得氣復榮華

九 卅八 田獵在高山 獲麟得麋鹿

九百

零 一 二 三 の 五 六 七 八 九

廿の三 字二 廿の三 廿卅九 卅ス口 十ス口

姊妹三人 方合此數

云收雨散 江山新色侵人

閒把酒杯消日月 山林深处可相依

長子屬猪 数定

位至三公 扶王霸業

恨殺良人今已尅 空留隻影伴黃昏

河洲配偶 有始旡終不到頭

可為原有數 棲樹被風吹

乖鴻二隻 內中去一

九百一十

一	早十乂日	室鏡光沉	百歲好逑情已斷
二	七十乂日	安樂堂前六出飛	老梅枝上杜鵑啼
三	の十早九	就頭珠現風濤險	濁浪排空十丈高
の	五十早九	秋天大雨淋	平地水中行
五		承異姓宗祠	永蒂百年之好
六	卅乂日	玉輪光滿	景色安然
七	卅乂日	事事得和偕	南風拂拂滿樓台
八	の十早九	靜中心自泰	喜氣上眉梢
九	七十八乂	突晦相侵	寤寐不寧

九百二十

一　二　三　の　五　六　七　八　九

五十の三　の十の三　七十ス口　廿ご

爺属牛
奪得錦標回
二子属龍
二子属大
清風明月兩相精
數定兩声
二子属馬
念五六步有刑傷
意欲舟子渡

姑属馬
顯文章之妙用
數定
合數
獲得金鱗下釣台
狂風約住
數定
狂風驟雨打死央
風狂未可行

九百三十　二子屬虎　前定

一			
二	卅四十九	已身曾過失	家室有安寧
三	四十一二	中秋已望月	光輝照無窮
四	七十一二	更藉陰功為福祐	栽培不到老松枯
五		長子屬鷄	合數
六	卅一二	金錢要松竹	白云深处栽
七	廿卅九	兩添芳艸	轉眼綠依依
八	廿八七	一股瑤琴弦斷却	緣須整頓韶方和
九	四十四三	信順凡知便	所謀如意

九百四十

一	二	三	四	五	六	七	八	九
五十二	廿七 八	卅 四千九十			廿 四八	四千九十		
顛倒当差	所得為主	北堂萱艸被霜欺	長子属羊		太陽未出曜	披麻星出曜	長子属蛇	幼失双親
已為時甚	安然有慶	一夜輕風遍地吹	數定		人物喜光輝	外侶有相拋	前定	人生不幸

九百五十

一 廿八七 運際突生福 逢凶化吉祥

二 十八 卅九 方外之日 纖醫不作

三 十八 卅九 擁東山之勝 不妨歌海

四 立命操持有吉祥 教当内助得安康

五 廿三 卅三 念三四歩父当傾 芦扁良醫未有灵

六 七十 大四 中秋月皎 忽赵行云

七 の十 八七 富而且美 際運方亨

八 丁年含荳蔻 结菓在枝頭

九 卅九 の十 公私牽連 无傷也破錢

九百六十

一 二 三 四 五 六 七 八 九

老蜂（蚌）生珠

廿二 工師得大木

長子居鬼

造中多福

四十四 好運既行

四十九 浪穩波平

五十三 多是吉莫疑

七十九 閻王関上夜經過

石中懷玉

必（能）勝其任

一定在數

貴人妻室

謀也有成

云中日麗

安然福自來

去而不返待如何

九百七十

の十七 八七　永別陽関客　黃泉尋故人

一　廿八七 廿九　好運相逢　圖謀遂意

二　廿九　日出祥云　江山如畫

三

の　卅 乂 十　日出祥云簇錦霞　江山圖畫萬千家

五

六　の十七 八七　太陽相照曜　海內遍光華

七　の十 乂 十　數該剋母　巨數天然

八　の十 九 十　軽舟相過浪　一喜一悲驚

九　の十 乂 十　片帆過逆浪　往來有憂驚

九百八十

	の十の三	雲生足下	一日到長安
一		須知四雁同飛	一隻先收在網中
二	卅の十九	灯花結蕊	喜信见至
三	十二	披麻逼逐	事憂不足父應亡
の	卅の十九	南柯一夢鳥能醒	從今不见向黃粱
五	六十の十九	亟曜相逢	吉神相扶
六	十の三	家中不祥	喪门來傷棲樹殃
七			
八	五十の十九	道途皆坦	涉履何憂
九	七十二	月之既生	其光漸減

九百九十

一 二 三 四 五 六 七 八 九

五千九　提防逢鬼賊　侵害有憂驚

二子屬土　合數

七千四三　一輪紅日漸西沉　半天風雨半天雲

紅鸞加白虎　浮子併喪門

姊妹五人　榮枯各別

八千八七　前有明燈　可以拔步

卅二　日出扶桑　衆人仰望

六千五十　千般与萬般　既積得相安

廿八七　鐵船載江水　舟内有魚遊

坤數

九千零

零	一	二	三	四	五	六	七	八	九
面黑微麻 數定	屬兔妻宮 豈能白髮	終朝碌碌 費片刻之餘閒	不得早成佳配 誠惟虛度青春	父屬猪 母屬馬	一目微痕 前生註定	中年尅父 合數	早運平平中運同 成家立業晚年豐		父命乙酉生 前定

一十
零一二三の五六七八九

四子屬牛　合數

卅八乂
誹言金屋多妻色
空使胭脂泣露華

の十の三
莫道風光洧目華
心炅煩悶不堪誇

丙年喪父
合數

目光不遠
近視乃見

卅八乂
凍雷催鵰去
爆竹報喜來

毋先辭世
子年父命壽元長

戊年尅父
合數

二十

號	註	上	下
零		心高惟慈直	東分而安業
一	卅二	風雨無兒聲寂寂	逆來人事恨悠悠
二		父亡庚年	合數
三	卒卒九	福來相生	由人相造
四		所見者大	不屑于細
五			
六		莫嘆死央飛上下	遇愁風起兩分離
七		父亡壬年	合數
八		妻命屬牛	姻緣不久
九		少年得藉棲萱蔭	晚多欣看蘭桂芳

三十

零　父命乙未生
前定

一　生来未齿十歲
仍孤堪太息

二　母先辞世
丑年父命寿元長

三　卅の十九
花柳三妻節
霏ㄟ细雨飄不歇

の　半世未经安穩地
成家創業十分劳

五　结髮妻宮定有刑
再聯琴瑟兒生人

六　莫怨姿容陋
合談面有麻

七　母先去世
局乕嚴亲寿最高

八

九　の十の十九
芙蓉生在秋江上
莫怨東風尚未開

四十零

一 二 三 の 五 六 七 八 九

五十一二

父命乙卯生　前定

三春楊柳風情好　一陣花飛氣色空

立身須勤儉　財祿自豐盈

早歲云遮月　秋深業氣多

五十六八

有天然之慶　安享其豐

母命先終　兔生父命壽如松

欲知几度墻花豔　七十之年數徧傳

五十三の

事事稱心　不費精神

五十七八

黃菊東籬色正芳　儀然一朵怯秋霜

五十零	四十二	茅屋含春雨	春風入戶寒
一	七十二	好山过眼未分明	岸艸蒼玄次第新
二	六十八	性定心自遠	身閒樂事多
三		寿元八卦外	西去生蓮枝
四	七十八	情懷默默	無計可消除
五	卅八	運際添基業	时来改戶庭
六	卅八	浩浩財源家道盛	盈盈事業度年長
七	卅九	数逢坎坷	謀為不遂
八	六十二	母先去世	原生老父寿元長
九			

六十零 一 二 三 四 五 六 七 八 九

六十二 卅四三 七十四三 七十五四 六十八四

翁居鼠
一陣東風桃吐花
秋高氣爽
呵々咲一場
清風明月
煑茗談佳客
平生多志氣
妻命居虎

姑居龍
淹々宿雨未能華
喜事成章
昔年事在何方
拄杖逍遙
閑篇論古人
奈少上天梯
中途有失

七十零

一 の十二 推開綠戶覌明月 雨後青山色更新

二 翁屬鼠 姑屬蛇

三 父命丁未生 前定

の 其年定折蟾宮桂 不負埋頭已十年

五 二十八 二子屬豬 定數

六 母命先終 已生老父壽元長

七 翁屬鼠 姑屬馬

八 翁屬鼠 姑屬羊

九 卅の三 百事傷心在目前 此时如醉又如眠

八十零

一 二 三 四 五 六 七 八 九

翁居鼠

父母全丁巳

父母全庚辰

事業重重更改

结髮妻宮定有刑

不道根基有若無

根基淡薄消除

姑居猴

前定

註定

成家自作自為

再娶琴瑟已生人

自成一個好規模

白手成家事事如

九十

零一二三の五六七八九

七十九年

卅九の十

木金之年

凤塵蔽野

流年漏子

毋先去世

父命丁卯生

妾命居羊

五人有刑

家業又添新氣象

翁居鼠

数当入泮

日色無鲜

数定居鼠

午生老父寿元長

前定

合数

再娶居龍生

门庭復創旧家声

姑居鶏

一百零　一　二　三　の　五　六　七　八　九

翁居鼠
桃李满门
其年延過
大限未年
根基不能全稳
五十の三
流年春樹萎
力能創業耐艰辛
五十の三
人逢吉慶多添喜
妻命居鼠
十二
杏花湿〻偏多雨

姑居猪
杏坛餘澤
还有十一年
数有一缺
数应復振家声
数定豈能违
不是圖安自在人
月到中秋分外明
皓首难期
楊柳溪边易泻妻

二百一十

一　二　三　の　五　六　七　八　九

五人有刑　再娶虎生人

十子屬木　合數

妻命屬鼠　合數

の十二　運不逢時心事多　朝歡暮樂強謳歌

二十二　簾外和風陣陣　閨中瑞氣飏飏

一十八　數已停　塵緣謝却往西行

父屬木母屬火　妻土生

翁屬牛　姑屬鼠

翁姑全屬牛　數定

一百二十

一 二 三 の 五 六 七 八 九

の十二 卆七

翁姑全屬虎
其年延過
翁屬虎
父命戊申生
濛濛蕉葉雨
土金之年
好將心工事
莫謂花開晚
母命先亡

前定
還有八年
姑屬龍
前定
淡淡桂花風
數當入泮
吩咐與兒孫
時來運自亨
未生老父壽元長

百三十

一　二　三　の　五　六　七　八　九

の十八

三子居兔　前定
三指脈占心腹病　一囊藥貯太平春
吉凶有定未丈工　消長存亡在画屏
太平江左須知福　潦落朝未宸可憐
画屏春暖甘棠盛　兄弟同心樂太平
妾命居牛　定數
父命已丑生　前定
六子居龍　定數
妻命居蛇　姻緣不久

一百四十

一 二 三 の 五 六 七 八 九

廿八七

翁居虎
其年當滑子
其年迍邅
欲知几度蟠花數
夗侶不能諧白髮
君家欲向壽多少
一箭穿楊
父母全丁卯
妻命居龍

姑居馬
數內定分明
還有七年
花甲加乘二五年
年來冷暖自家知
七旬之外夢黃泉
黌門入泮
前生已定
齊眉難許

百五十

一　十廿九　五陵年少催歸去　隔斷紅塵十二樓

二　卅八七　半生声譽馳湖海　二字功名薄廟廊

三　の十八七　大小謀為皆叶替　清和天氣有春光

四　の十二　落日向西处　空山意独閑

五　卅の三　世端之擾　却向誰論

六　一龕春雪埋禪影　半嶺青松映梵门

七　無子悲傷恨不尽　宗祧立继礼為宜

八　面陋多麻　醜不堪誇

九　の十の三　脈经詳子母　藥性辨君臣

　神思困倦　不覓畫眠亭院

一百六十

一 二 三 の 五 六 七 八 九

六千六四 壺篋留香久 可以苦累憂

妾命屬猴 定數

翁姑同喪土年 准數

六千六二 攜酒尋花徑 函吉不相關

卅四千九 短嘆長吁 時之未遇

母命先亡 屬猴老父壽元長

六千三 欲向前程路 道路正迢迢

卅二 好妻得意 大道生財

一百七十

一　妾命居大　合數
二　母先去世　屬雞老父壽元長
三　九流技術為生理　一榻清風養性灵
四　五千九　三乘悟徹　万法皆明
五　一千六二　行云流水兩悠悠　不是滄江不繫舟
六　孔懷同父還分母　群雁遺羅各自飛
七　四千六四　相逢順境　安然有慶
八　南牕寄傲　客膝易安
九　四千六二　方可進步　自此無憂

一百八十

一 大限酉年 一鉄難逃

二 妻命属虎 在数

三 鉄劃銀鉤 善于書法

四 母先去世 戌生老父寿元長

五 其年得子 数定属犬

六 妻命属雞 定数

七 九十四 八十 連旬如雨風 桃李不鮮妍

八 七十二 老年情性犹如少 清閑景色自鮮妍

九 父命辛巳生 前定

二百九十

一 二 三 四 五 六 七 八 九

卅八七 天河野渡鵲橋成 嫦娥笑扎廣宮〃開

卅八廿 高標清韻因風得 洞底波光為水成

三十七十九 月去年來不自知 陰風凪〃雨淒〃

卅四十九 碧水平如鏡 昔風浪不生

廿卅九 常向春風觀西閣 玉人微笑倚欄杆

水火之年 數當入津

五十八七 人在春風中 樂意自相從

大限在戌 一缺難逃

父命辛卯生 前定

卅八口 綠繡紅粧猴〃新 高堂爛熳足榮華

二百零

一 二 三 四 五 六 七 八 九

父命巳酉生
平生家變順風旗
父命癸未生
石室棋殘江月小

五十八七

來莫來于父子
火年尅翁
莫道行來得暢懷

四十八七

春風如綺
母先去世

五十八四

前定
艸去霜田利事宜
合數
松声有韻似琴音
如何反起争端
木年尅姑
轟然雷雨共時來
秋月如銀
居猪老父壽元長

二百一十

一二三〇五六七八九

丑人不見臨杯慶　故耳傍栽連理枝

過得其年　还有六年

五十一二

家有餘資　作事仁慈

父命已卯生　數定

五十八四

世無名譽方為賤　君有文章不是貧

五十一二

時逢運到　福增百昌

翁属牛　姑属雞

二百二十

一　二　三　四　五　六　七　八　九

翁居兔
（六十二）高山雁過雲摩背
（七十四三）江天一隻暮猿歸
父當早逝
父命戊寅生
大限亥年
（六十八四）好花因雨落
其年必過
（廿二）春暖春庭榮茂
翁姑全居兔

姑居牛
淺水魚遊地擦鱗
千里征夫淚濕衣
必逢金歲而亡
前定
數定難逃
只道風雨惡
還有四年
誰知白虎傷殘
前定

二百三十

一　二　三　の　五　六　七　八　九

未防一期　便尅其父

父金母水妻土生　數定

廻過其年　還有二年

月移花影動　疑是玉人來

母命屬虎　數定

四十太知

春光明媚　江山如綉

七十太知

烟霞有奇癖　鸞雀多逸志

六十の三

東風又是一年華　回頭秋風不足誇

父先去世　屬鼠老母壽元長

二百四十

一 二 三 の 五 六 七 八 九

の十二　六十七八　の十知　八十九年

十子居水

妾命居猪

朝朝快樂暮謳歌

筆硯精良

豪富堪誇

艷陽春正暖

福星照人

高人情性

十子居土

數准

定數

艷陽春暖日融和

工于画法

作事奢華

風雨落花多

知己相尋

有所不知

合數

二百五十

一　二　三　の　五　六　七　八　九

の十三の　二十八七　の十八七

意氣已作遊仙夢　早赴瑤宮不在堂

孝服相尋　晝夜不分明

不要文章定天下　全憑弓馬主乾坤

父命先亡　屬牛老母壽元長

其年延過　還有一年

夫亦遲來子亦遲　早見刑尅不相宜

前人事業難伏力　不如自己發來奇

妻亡水年　合數

登高一望　憂慮不生

翁屬兔　姑屬馬

二百六十

一 二 三 の 五 六 七 八 九

二十二

青帅紅氛稱处士

母亡丙丁年

記得横塘秋夜好

不足在心

兄弟分争

父命先終

螢窓雪案不須尤

半间半俗散神仙

數定

玉釵恩重在前生

有餘在内

又同陌路人

属虎老母寿又松

商賈生来数内週

二百七十　翁居兎　姑居羊

一　父命戊子生　前定

二　玉人有刑　再妻居馬生

三　六十七十九　花色四時春富貴　酒朱終日客留連

四　六十三　坦蕩自如　患害毋虞

五　六十八七　茅舍竹篱今東君　風景已非疇昔形

六　妻命居兎　在數

七　寅卯年來喜　花發結菓堅

八

九　父命先終　居兎母命壽如松

二百八十

一 二 三 の 五 六 七 八 九

子丑年未喜　花開结菓堅
父先去世　居號老母寿元長
玉人有刑　再娶未生人
二千入口　莫道有人降劣馬　須防不意覆遍舟
五千入口　烟波浪裏漁翁業　十網抛未九網空
の千口千九　不改江山千古旧　又着桃李一时新
の千入口　埠早田饒　向陽花木易為林
辰巳年未喜　花開结菓堅

二百九十

一 二 三 の 五 六 七 八 九

夫命庚申生 数定

妻命屬龍 合数

数有偏枯 妻当常疾

七十八知

庭前飛白露 星陵現浮云

数有九子 太子送老

生來未改期 母命便相當

二千の三

有花須酌酒 廿月不登樓

早歲陰霾如霧張 北年出谷弄鳴声

三百零

一 二 三 四 五 六 七 八 九

五十四之

卅四之

四十八之

翁居猪

烈士壯心猶未已
桃杏花開一樣天
百花如錦繡
謀猷多謹慎
妻命屬馬
一番風雨過
年末三朞

姑居雞

高堂燒燭照芙蓉
運交晚景始安然
桃杏及時新
一世少風波
註定有尅
又是賣花天
便尅其母

三百一十

一 二 三 四 五 六 七 八 九

四子居兔　合數

父命已未生　前生早定

卅三 卅四

撥云霧而見青天　剪荊棘而登大道

午未年未喜　花開結菓堅

陰勝于陽　數当俱內

助夫勤儉有操持　日夜勤勞心㝡慈

卅九 四十

清和时候　爽氣安神

三百二十

十　一　二　三　の　五　六　七　八　九

十六四

四子居帝　定數

父先去世　已生之母壽元長

今日微風颯颯　明朝細雨霏霏

廿卅九

白日渺能視　觀書仔細看

一回和睦一回空　把得尋常春色看

長子居羊　前定

廿六三

山色不明常暗　庭前細雨侵衣

廿六四

撫毒天氣　乍雨乍晴

三百三十

一 二 三 の 五 六 七 八 九

妻亡木年
逢木年亡爺
父屬金母屬木
五人有刑
云來一霎雨滂沱
老鳳作雛休道晚
父先去世
百傾良田隨日盛
妻命屬蛇

五十九
六十九
の十三
の

此剋方准
遇金年尅姑
合數
再妻猴生人
雨後依然日色和
蟠桃結實莫嫌遲
屬馬母命壽元長
千金餘橐遇時增
在數

二百四十

一 翁枯亦居豬 數定

二 快心莫別事 具慶有双來

三 五十九 六十 淌載烟云入画堂 勞心勞力費工夫

の 六十 六廿 明月当空皎 清光次第來

五 廿二 官非來到 事必征討

六 凶吉相逢 喪妻得子

七 妻命居羊 刑尅难免

八 の十 の三 繁華却已隨春去 唧唧秋声傍我來

九 掛劍有人悵季札 抱琴何处覓鍾期

三百五十

〦十二 東風一夕百花開 美景良辰事得諧

一 云雨巫山成美事 野花村酒自然香

二 の十大十 久雨新晴 哭忽接台水氣清

三 欲攄胸中才學向 还須早晚下工夫

四 吞吐造化天机事 進退星辰藻鑑中

五 歪嘴不正 数中註定

六 父命先亡 属羊母命寿元長

七 不是桃花春艷早 却如秋菊晚來然

八 〥十の三 雷震空霹歷 云雨竟虛費

九 の十八七 山頭猿雀成羣 松林虎豹生驚

三百六十

一 二 三 の 五 六 七 八 九

の千八七

翁属猪
旭日東昇瑞氣新
对人常自嘆
足縮〻み有循
結髮有刑
李杜文章曾解意
父先去世
逢み年衰翁
庭前鴉鵲噪同声

姑属羊
黄花彩色喜初晴
不解意中言
遲〻我行也
再娶酉生人
蕭然業牘只從容
申年母命壽元長
遇火年尅姑
吉內藏凶未有寧

の千の三

三百七十

一　二　三　四　五　六　七　八　九

幼失雙親　天倫不幸

二十三の　暗推好景過三月　欲遇方華又一年

の十九　明月清風誰与共　高山流水少知音

卅四　菲菲芳草綠　名花開未足

卅八　有心怎奈無心好　多情却被無情惱

の十九　云淌空山日淌林　独行無伴却傷情

君若向寿向安　全憑陰德修為

翁居猪　姑居兔

三百八十

一二三の五〃七八九

妻亡金年　准數

不悲衣食不悲貧　只恐中年少子孫

君足有恙　徐步不可疾行

逢金翁先喪　遇木姑便亡

二千の三

朱雀多凶　官非事臨

妻命屬猴　數定有尅

の千の三

正要賞花天落雨　偶思玩月被云遮

三百九十

一　二　三　四　五　六　七　八　九

四十四十九

須知祖父壽多少　便識君家壽几春
長子屬馬　定数
虽云不足　好事时来
君家若向天年事　只恐君家不鬂星
五子屬猴　前定
六子屬蛇　合数
妾為继室　定当扶正
父命先終　酉年母命壽如松

四百零

一 二 三 の 五 六 七 八 九

五十の三 五十八四 六十八四 二十八七 五十二 の十八四

翁居犬 姑居猴

邂逅相逢 逆期不定踪

小船行大海 騎馬上高山

好將心上事 吩咐与見孫

快樂其邊 秋月春花自福然

玉露與金花 中秋佳氣濃

父先去世 戊生冬母壽元長

秋風方生桂子 春雨先出蘭房

金鱗豈是池中物 一遇云生即奮騰

蛛網佈風 园缺不一

四百一十

一 二 三 の 五 六 七 八 九

与君通一語　用尽平生力

五十八七　窪间多惆悵　松溪雪肉山

卅二　石工雲霞不散　鋒頭鐘声时来

の十二　半捲珠簾对碧飛　欢娱池塘梟滔滔

七十二　檻边间地多栽竹　门外池塘廣種蓮

酉戌之年　連着捷报

卅八　世端赶逐春风去　似我情思意似痴

四百二十

妻命屬馬　數定

一　父屬鼠　母屬蛇

二　其年得子　數定屬猪

三　虽然不是三場客　也帶烏紗着紫袍

四　君家壽算怕逢金　七九之年數便停

五　四十八　鐘動月光明　牛頭有一驚

六　妻命屬鷄　前定有尅

七　壽算花甲外　事業付兒孫

八　妻宮成兩度　子息早年虧

九　五十九　六十九　欲托瑤琴彈一曲　偶然弦斷不知音

四百三十

一 花甲一週添五載　任君積德也难留

二 水土之年　數定入泮

三 结髮有刑　方准此數

の 母亡甲乙之年　數定

五 長子屬鷄　合數

六 喬祖之造少根基　自成自立自操持

七 片言折獄　人服其公

八 心事未安然　無勞憂與慮

九

四百四十

一　二　三　の　五　六　七　八　九

翁屬馬

逢金爲剋父

棲樹早經霜雪壓

父先去世

の十八日

春宮回柳困

の十八日

福曜正當年

父当再妻

二十八乙

財帛正如新揷柳

姑屬牛前定

遇木母歸陰

萱花正茂噴天出

亥年母（老）身壽元長

凡冷損花顏

腰纏十萬錢

數定前生

人情還是作開梅

四百五十

一 二 三 の 五 六 七 八 九

廿五 廿六 卅の三

四子兩攀龍　一对舞妻凤
父亡甲乙之年　合數
兩鬢如霜雪　遐齡過七旬
本然不負重　君背却常冤
所遠山遥不易逢　可人何処覓形蹤
雨濕芳艸旧妻緑　日映鮮衣帯暖紅
父亲未喪母分離　先天註定不差移
巨舟渡海　所流風順也勞心
寿元八九鬢如霜　杜鵑啼落枝頭月

一二三〇五六七八九

翁居馬
雁行各自分南北
一堂稱具慶

五十七八
命犯刑孤
春晴帶酒尋花徑
內助興家旺業
欲知一世榮枯事

卅二
厚業英雄家道盛

姑居席
祖業須知有若無
將順有班爛
年未三春而喪父
乃順揚帆得意濃
時新練作皆能
八九加三夢入為泉
輕裘肥馬姓名揚

四百七十

一 五十二 庭前芳草生新色 江上芙蓉景色新

二 六十九 西風吹折長堤柳 遠憶荷花数豆红

三 の十八 秋夜月將圓 清光入户庭

の 卅八 中秋皎月 分外精神

五 の十九 雨窗窗之难舒恨 花落花開空自傷

六 五十八 微雨滑道 却防遠行

七 の十九 踏雪而帰 前途甚危

八 妻命属犬 豈能白髮

九 七十九 㥯情却被空门孛 避暑常覌碧涧花

四百八十

一 二 三 の 五 六 七 八 九

の十七八　の十三　五十の三　六十七八　卅二

秋來景色多蕭索
木歲応父亡
时间松涛声
性愛山中樂
筆下文章燦星斗
桐林移影月輪孤
靜撥柴門
臘月辭年去

桂樹飄香總是春
逢金母別离
心空若流水
松頂棲孤崔
胸中錦繡済乾坤
客程鳴琴意若何
吉子偏稀
春信梅意來

四百九十

一 二 三 四 五 六 七 八 九

夫大五年　前定

欲知汝寿有多少　便向君家寿几春

玉人有刑　金雞唱曉再成婣

六十八七

衡门之下　陶然自樂

一言不苟　太古之風

八十八廿

壓志于今已漸消　清虛渾是道家風

父命癸巳生　前定

妻命亥生　中防有剋

五百零

一二三の五六七八九

卅九
四千

少年蔭魄未遭逢
天官太速
數有不幸
非科非甲
胸中列经史
劝君莫怨根基淺
功名事必成
未年亡父

氣槩英〻事業空
奪我父祿
母当死于利叉
顯職近君王
筆下掃千軍
数定原来世祖業
腮下莫灰心
此刻方准

五百一十

一 二 三 四 五 六 七 八 九

五十六年

福祿如山　勅命皆圖
深通佛性能忘俗　堅守禪心不畫眉
君家若向寿　五九有阻再延年
父居金　母居木妻居水
藍橋不遠先偷渡　他日相逢是故人
兄弟二人　合此七二刻
堯天未賦先通好　鳳世姻緣頃刻成
陽春先佈功成定　秋尽冬殘梅吐英
五子居萬　數定

五百二十

	卅四十九	明珠飾彩夜光圓	柳絮飛花共一般
一	卅卅九	秋色霖霖	傍我而來
二	六十九七十	洵徑花蔭	不覺春光已盡
三		自是東床為半子	同心結就好良緣
四	四十二	清明天氣	此是佳景
五		柔弱畏禍	力怯之故
六	六十二	陰陰花卉真堪羨	杳杳鶯啼嬌悅人
七		水年尅父	註定
八	卅二	數逢多瑞氣	財喜自相依
九		覞而視之	猶以為遠

五百三十

一 二 三 の 五 六 七 八 九

の十八七

六十八七

此數之中 金水年來疾病多

十分好景 又多不足

娶妻不必賦于歸 坦腹東床樂唱隨

朝朝暮暮何時足 一旦無常相逼促

未聯琴瑟好 先動鼓盆歌

早年不遇名花景 壯歲应逢大有年

七子屬羊 合數

五子屬兔 合數

母命丁亥生 數定

五百四十

一 二 三 の 五 六 七 八 九

廿一二
卅の十九
五十八七
の十の十九

五子居牛
綠〻柳色草烟籠
水年魁父
中天日色
聊飲荷花酒
青霞曉月
五子居虎
先須立嗣螟蛉子

教字
早歲傷妻淚眼紅
伏土喪慈幃
云掩其光
來尋秋水濱
碧水春禽
合數
後產麟兒方送終

五百五十

一　二　三　の　五　六　七　八　九

二子居乾　前定

翁居雞　姑居猪

欲知几度蟠桃熟　七十加三数已無

二子居馬　定数

五十六
花隨碧水流将遠　云过青山洞口深

の十九
山險难登　更多危石

卅八七
不如意事　十常八九

の十六
鬢髮蕭蕭白如霜　終日焚香実堪誇

十八七
艸螢有耀原非火　荷露虽圓豈是珠

五百六十

一 二 三 四 五 六 七 八 九

廿四 廿六

翁屬牛
若得稱心如意处
事事稱心
大子屬犬
父屬金母屬水兄弟二人
棲逢火绝
母命戊干生
筆端錦綉
翁屬牛
五子屬龍

豬屬猴
兎隨鷄走月重明
好花得露更鮮明
空數
合二刻二分
此刻方准
數定先天
舌底青蓮
豬屬雞
數定

五百七十　三十一二

一　好春时候　謀事相宜
二　命須招側室　方许得麟兒
三　娶得偏房　可许鴛鴦入夢
四　翁姑仝屬雞　數定
五　母当土岁尅　數內定分明
六　命中有貴子　却是紫微郎
七　早子遲花　晚年得实
八　兄弟連枝氣不同　一行雁序我居中
九　母命乙酉生　數定
　　弹斷续絃　吹殘蘭玉

五百八十

一 二 三 の 五 六 七 八 九

卅八

保合天和元氣聚　壽同渭水坐磯人

五子屬馬　數定

指生桂蘭多庭秀　須教連理有傍枝

夜深人靜　月朗風清

翁屬金　妣屬木

五子屬蛇　數定

不愁桃伴驚風雨　只恐枝頭落嫩花

目表其明　數中前定

五百九十

一　夫大三十七年　前緣註定
二　六十九 七十　好春今已去　晚景遇悲愁
三　の十の三　情緒難舒　雪花白片滿天飛
の　三春長雨雪　秋日得晴和
五　一六十八口　花開顏吐秀　蒼松色自清
〦　母亡木年　此刻方准
七　立志心堅　必有功名獲福
八　十八七　流年有淚悲莊子　烟雨霏霏珠淚傾
九　五子居羊　數定

六百零

一　二　三　四　五　六　七　八　九

子嗣多富貴

火年椿樹沒

五十六四　樹底鶯声睍睆

四十二　春風吹柳絮

八十九　八十　花落花開事不同

二十二　少年夫婦各分飛

桂子庭生

春逢花甲却塵缘

珪璋襲御衣

水木衰葱幃

檻边花落堪憐

夜雨打梨花

浪滚波涛舵未堅

哀泣良人泪满衣

受天之禄

子女双双泣杜鵑

六百一十

十	一	二	三	四	五	六	七	八	九
翁屬虎　姑屬牛	翁屬虎　姑屬兔	身軀不宜　先天稟質	母命戊戌生　前定		五子屬猴　前定	翁屬虎　姑屬蛇		翁屬虎　姑屬犬	翁屬虎　姑屬猪

二百二十

一 二 三 四 五 六 七 八 九

翁屬兔　姑屬鼠

翁屬兔　姑屬龍

誤為三任黃堂　方得歸于林下

五子屬雞　數定

玉人有刑　再娶屬犬生

二十八四

祇園綠竹凌云漢　百尺亭亭响碧瑯

翁屬兔　姑屬雞

父亡土年　方准此數

翁屬兔　姑屬猪

六百三十

一 二 三 の 五 六 七 八 九

六十の三

六子屬鼠　數定
樹密晴不雨　風清暑似秋
父屬金　母屬土
潤身自有千鍾粟　不義登雲步月宮
母命巳丑生　數定
父母俱全祖蔭孫　眼前三代福同增
翁屬龍　姑屬虎
五子屬犬　數定

六百四十

一二三の五六七八九

三十二の

兄弟二人
七哀遐齡天載定
母命癸酉生
秋風飄々客衣單
五子居猪
立志九如秋水
濃粧楚々三湄脩
傳家書作本
蛟龍豈是池中物

合卅三刻
其年不必服丹砂
數定
欲進前途步履难
註定
臨事明月当空
模範雍々四德全
貴我硯為田
一遍云生即奮騰

六百五十

一　二　三　の　五　六　七　八　九

の十九

瞻之在前　忽焉在後

有子庭生多富貴　家中饒有万千餘

寶玉金珠　良田大廈

家喜內人能助力　閨中却有狀元才

以妻為活計　半世眼前花

曾舒攜眼秦樓上　歌舞輕盈風月中

卅八

夜深歸月下　風雨向瀟湘

六子屬牛　數定

一百六十

一 二 三 の 五 六 七 八 九

卅八七
任是五湖風月好
難將吹酒解愁腸

七十六 二
近來已作忘情客
不曾人间是与非

の十八子
明月正當樓
心懸系事休

十七八
青青艸色稀春烟
恨柔多情二月天

一見傍人動口
偏須側耳尋思

曾歸蹋眼輕風坐
歌舞纖腰明月前

卅九の十
前去風波可奈何
布帆無恙掛秋風

廿の三
晦退定消事已寧
云收雨散不須驚

二百七十

翁屬龍 / 姑屬蛇

一 七十年九 和暖在春風 忽听鵑鳴碧樹中

二 五十六二 春暖百花鋪錦綉 时来萬事尽如心

三 母命癸卯生 数定

四 廿二 上弦之月 其光尚未尽團圓

五 母命癸未生 前定

六 壽到三三又八年 此时跨雀上西方

七 五十四三 枯木逢春又发生 满園桃李尽芳菲

八 廿八午 運至身康建 时来百事强

九 翁姑全屬龍 註定

六百八十

一 二 三 四 五 六 七 八 九

四十九 四十 一二 十七 十八 二十二 二十九 卅 五十六 二

父属木

玉人不共白頭吟
水面楊花千百点
撫育多惆悵
花開时值春風暖
濃云遮皓月
助夫近百福
一榻書朱佳夢醒
霧去明亮

母属金

几次重諧連理枝
隔林鵲舌兩三声
清風與不雁
人遇时来正少年
垢雨損花顏
益子納禎祥
半窗風雨竹声蹺
枯木又逢春

六百九十

一　一胎二子　香氣所鍾

二　七十二　無是無非樂事多　相逢律酒快如何

三　七十八四　身歇寒塘月色明　細雨未往自相侵

四　父母全屬金　數定

五　六子屬鬼　合數

六　六子屬虎　數定

七　四十四十九　時之未遇　日日勞神

八　清光如秋水　梅花影正寧

九　善門多吉慶　瑞氣藹芝蘭

七百零

一 二 三 の 五 六 七 八 九

卅八口

卅の千九

卅、二

七十八口

卅の千九

卅の千九

蘭桂森森多富貴

朧月朦朦似逼人

羨此竹林盛

天際遙看度塞鴻

朱顏多進退

薰風習習花含笑

燭彩光搖

謀為多渺茫

妻宮註定全偕老

名花兩朵放

金珠寶玉滿倉箱

君今却喜已逢妻

日日有涼風

行人言此尚難通

白髮好精神

和氣雍雍遍地春

朵云飄飖

進退事遲延

百歲姻緣事可誇

姊妹一双生

七百一十 六子屬馬 合數
一 六子屬龍 數定
二 盎于背 鞠躬那也
三 母亡火年 合數
四 母命庚午生 數中早定
五 妻子刑傷重疊 几番更理瑤琴
六 二十四 半春甚雨 埋沒無限韶華
七 翁屬龍 姑屬羊
八 翁屬虎 姑屬雞
九 翁屬蛇 姑屬鼠

七百二十

一　翁屬蛇　姑屬牛
二　の十九　陰雨連句　行人怎渡津
三　毋命壬午生　數定
の　翁屬馬　姑屬鼠
五　根基耗散風中絮　半世浮沉浪裡萍
六　结髮妻宮定有刑　再聯琴瑟鼠生人
七　六子屬蛇　數定
八　翁屬蛇　姑屬龍
九　二十の三　謀事得手　福從天生

七百三十

一 二 三 の 五 六 七 八 九

數有前定　母当再嫁

父命壬子生　前定

の十八七　愁緒春風惡　何日心中樂

卌の十九　一陽初動日初長　丑北方知肖漸揚

研紅調漿為活計　青紅碧綠作生涯

卌のミ　鉢底降龍　拂塵伏虎

卌二　清涼破失拙　運轉佳時節

夫大二十一年　前定

七百四十

一　二　三　四　五　六　七　八　九

五十九八十　翁姑仝屬蛇　前定
紛紛爭造化　安淂享榮華
四十三四十三　垂成事業　轉眼成云
七十三四十三　壯年傲氣俱消尽　白髮新添四五根
七子屬鼡　數定
二十五六　有死必逢　所往皆通
卅九四十　夫婦原期共百春　豈知中道便分群
四十三四十三　榻下禪心静　堦前花露濃
二十八七十　客抱琴來　彈出新腔故事多

七百五十

一 二 三 の 五 六 七 八 九

の十名

謀為不遂 只因內亂當權

雖然傲雪凌霜久 終見陽和雨露来

內助多能 積成家業

流年得子 數定屬虎

青山生靄 樹在水西

母命已卯生 數定

六子屬猴 數定

母命庚寅生 前定

一二三の五六七八九

の十九

二十の三

六子屬雞　前定

利名莫怨行来晚　創業成家異処招

綺筵羅列春如許　灯燭輝煌不夜天

眉壽榮終天數定　杜宇声声喚語頻

桑有寄生虫有螟蛉　為人種性晚賜麒麟

雨过百花皆有態　風恬の海静無波

立志如同秋水　交情誼切金蘭

父屬鼠　母屬猴

七百七十

一　二　三　の　五　六　七　八　九

七十二　十廿九　の十の三　十の三　七十八七　八十八十九　卅八廿　の十の三

三飧白日隨緣度　一卷黃庭讀在心
金風颯〻楚天涼　唧〻秋声恨夜長
樓頭時賣千金喚　月下偷期百誓心
鵝鶘共一巢　凶吉併嚣
忙〻着眼尋歸路　泥滑驚心過小橋
枝頭花欲放　扰處雨和風
月色十分明　甬道無灯亦可行
九十春風似擲梭　感懷無限世情疎
若向流年吉凶　須知事〻多煩
鳥宿清霜濕羽毛　鵝啼明月有蹊蹺

七百八十

翁属蛇　姑属猴

一	卅の三	滚滚波涛漠漠天	心中有事与谁言
二	四十の三	愁生茅屋	地滑难行
三	二十一二	留酒待花开	浓浓春色满楼台
四	七十一二	寻梅踏雪凭藜杖	煮茗敲冰拂火炉
五		欲知寿数应多少	花甲加乘二五年
六	七十八四	不向东风共桃李	甘随松柏结芳邻
七		六子属犬	前定
八			
九	卅二	雪压空山满林	可人何意变忧驚

七百九十

六子居猪

一 二十 卅九 腴田芳艸霜消日

二 三十 四三 花開却被無情雨

三 十 廿九 旱苗欲槁

四 二十 卅九 百艸萌芽滿徑迷

五 卅 ㄨ口 时来事漸順

六 四十 午九 任是五湖風色好

七 梅蕊独经霜裡凍

八 卅 ㄨ口 圏中伏虎

九 四十 彡 春花滿樹得春風

合數

春至桃花柳色鮮

柳放俄遭舊地風

一雨浚蹊

東風拂柳困長堤

運至業自新

揚帆穩穩過江心

嫦娥不怕月中寒

鉢內降龍

秉烛來遊各苑中

八百零

父命癸卯生　前定

一　卅六　怨雨無端花雜瘦　慈風瑣翠柳眉顰

二　十の三　三春楊柳綠　嫩竹滿園青

三　十廿九　二月春風虽不定　柳條含露几时乾

の　君家若问寿多少　八卦加来二五年

五　順其所欲刎頸何难　拂其所欲发忽如雷

六　姊因故再嫁從人　數中不幸

七

八　室人若能配　蛇馬許無刑

九　卅二　連宵風雨　名山怎遊

八百一十
是歲須知有別离　塵封菱鏡恨悠々
の十八口

一
父命当殁　数不可過
の十の三

二
八子屬蛇　前定

三
命犯刑孤　五歲未週而剋母

の
八子屬兔　左数

五
土年春樹頹　吹木衰葱幃

六
春入画堂中　陽和物色濃
五十二

七
暫离洞府神仙宅　來到人間作富翁

八
骨肉有刑　九歲未週而喪母

九
母命庚子生　前定

八百二十

一 二 三 の 五 六 七 八 九

相夫年：生財穀　孟子昌隆家道成
霜鬢自能娛晚景　古稀之外憂黃泉
八子居帝　數定
河洲配偶未能終　暮鼓晨鐘數內逢
凝眸新綠　須知好景將來
詩云蹤跡是侶同　到处青山伴我行
二十二
五十六日
八子居龍　數定
母亡未年　合數

八百三十

一 二 三 四 五 六 七 八 九

四十八 六十五 四十八

父屬金母屬木
六子屬羊
君家妻與子
流年必有鼓盆悲
春風處處園林好
數有十子
近水樓台先得月
姻緣輻輳前生果
翁屬乾

妻屬水合數
數定
幫帶一房來
夫婦相刑厚有窮
秋月楊花逐文華
七子送終
向陽花木易為春
子即從妻一日來
姑屬火

八百四十

一 二 三 の 五 六 七 八 九

の十の三 登楼观皓月 雨過復青山

二十五 六 粧閣團團梅影月 花陣陣透簾風

同胞分子女 稟氣一双生

君富君向寿 七十有餘零

旺夫添瑞氣 益子振家声

结髮妻宮定有刑 再聯琴瑟丑生人

淡淡根基不足 世人帮助亦世缘

二十の三 無端風雨落花 夫妻别唱驪歌

八百五十

一　二　三　四　五　六　七　八　九

一　卅二　流年不幸有刑傷　鴛起妃央各自飛

二　逸到翩翩美少年　風流却是地行仙

三　八子属牛　前定

四　亥年尅母　合數

五　五十八七　流年不幸　應有鼓盆歌

六　若問寿數應多少　八九加增十一春

七　八子属馬　數定

九　流年得子　數定属龍

八百六十

一 二 三 の 五 六 七 八 九

八子屬鼠 前定

卅二

蒲團世塵積穩坐 香繞禪堂透性灵

六十八七

歸衣促使登仙道 九轉黃芽煉不成

不須卜甲子 甲子有餘零

身閑心自穩 吉凶不相關

七十八七

父屬金母屬火 合數

其年延過 还有三年

孔雀屏開招快婿 誠為半子樂天年

八百七十

一　二　三　の　五　六　七　八　九

翁尾蛇
鸞凰豈常棲枳棘
七子尾甲
二十九卅
石路崎嶇
の十二
燕子從來壘旧巢
二十九卅
瑞氣化為祥
四八交來運可換
他年定折蟾宮桂

姑尾豬
鶤鵬終是奮云霄
前定
穩過無防
曉鶯啼柳更又加
门庭享泰昌
此後圖謀世續斷
壽里云程足下生

八百八十

一	二	三	四	五	六	七	八	九
	卅四三	卅八七	卅九の十	五十二	卅八七	四十五四	卅八七	
不幸罹親早逝	繫華不占春光早	人逢吉慶多添喜	半醉半醒花冉冉	跡竹長成防外患	總聞喜鵲簷前噪	吾抱泰來	誹毀誰云	梧桐逢夜雨
親娘改嫁良人	冷淡寧甘秋後芳	月到中秋倍有輝	閒愁閒悶雨霏霏	誰知禍起在蕭墻	又听烏鴉遠屋鳴	無有掛碍	丗往丗復	桃李遇輕風

八百九十　母亡戌年　此刻方准

一　の十二　奇謀奇策千般遂　于橐于囊萬貫金

二　冷落何知結髮悲　如花野处别离情

三　早限庭花中限成　半生跋涉半生寧

の　結髮妻宮定有刑　再娶琴瑟亥生人

五

六　廿二　家喜貴人多薦拔　一朝入泮冠羣英

七　行至関山夜雨　一双鴻雁分飛

八　七十八九　閒来可与棋為伴　遣興還尋旧賦詩

九　翁属猴　姑属虎

九百零

九百零	翁屬猴	牯屬馬
一	翁屬猴	姑屬虎
二	母命壬寅生	数定
三		
の	酉年喪母	合数
五	命多冲破	年未五歲先尅父
六	七子屬犬	数定
七	の十九 往事莫嫌破復成	四时花木小陽春
八	却向空门向底配	粧前依旧画娥眉
九	翁屬雞	姑屬鼠

九百一十

一 二 三 四 五 六 七 八 九

翁屬雞　姑屬牛

卌八口　春風虽淌画　啾唧自家知

巳年剋母　合數

廿二　劍鋒生赤電　馬足起紅塵

母亡水年　合數

四十八口　淌天之霧冷颼颼　意與妻妻恨不休

七子屬猴　定數

翁屬猴　姑屬犬

九百二十

一 卅の三 彩里片風程 波平舟不驚

二 翁居雞 姑居猴

三

の の乾 有意得来過意失 實来得失空費力

五 七子居雞 定数

六 翁居雞 姑居兔

七 廿六 秦嶺云横 巫山雨洗

八 翁居雞 姑居蛇

九 翁居鷄 姑居馬

九百三十

一 二 三 の 五 六 七 八 九

二十の三　十九 廿九　二十 卅九

七子居馬　前定

將軍領帥符　戰士臥龍沙

七子居蛇　前定

琴瑟和諧正少年　先天定渭斷絃声

室內之人　不同佰趾

申年喪母　此刻方准

鴛鴦折散在中年　菱鏡塵封恩情斷

九三添三載　君家可辨程

九百四十

一 午年剋母 / 母刻方准

二 翁屬猪 / 姑屬馬

三 翁屬猪 / 姑屬龍

の 公姑仝屬犬 / 前定

五 母命壬子生 / 前定

六 一双玉手千八桃 / 半点朱唇萬客嘗

七 翁屬犬 / 姑屬鼠

八 翁屬犬 / 姑屬虎

九 翁屬猪 / 姑屬鼠

九百五十

一 二 三 四 五 六 七 八 九

丁亥之年 名当高荐

問寿剛五十 欲多憑陰隲

細讀詩書可向名 其年国季列諸生

初為邑宰 後至黃堂

辰年尅母 方准

君家問寿几多年 九旬有四在其間

九百六十

卅二
四十七八

一 映雪囊螢若夜吟 杏苑春雁塔題名

二 流年喜事多 名主失魏戕

三 重陽九月 数完事畢

四 逍遥白云外 来去赤城中

五 七子居魁 前定

六 君家向寿应多少 八九應添一二年

七

八 卯年喪母 此数方准

九 此数之中 火木年来病必逢

九百七十

一 二 三 四 五 六 七 八 九

二十八七

卅八四

卅八四

戊午之年 名荐天朝

陽和運轉 溫暖時光

七子居兔 一定在數

道法調狂亂 梵言服老帰

吉主門庭喜氣揚 誥慶獲祐福相將

師命當子午卯酉 方合此數

毋亡丑年 是帰期日

九百八十

一　四十二　桃源洞裡居人汸　桂樹山中任日長

二　戊戌之年　名当高薦

三　四十八　白石靜敲蒸水火　清泉間淡種花出

四　戊申之年　名薦天朝

五　子年尅母　方合此數

六　母命屬火　合數

七　結髮緣分新　別正妻和室

八　六十八　莫道坦途無暗穽　須防拳石碍高低

九　己卯之年　名薦天朝

十　七子屬牛　合數

九百九十

一 二 三 の 五 六 七 八 九

壬寅之年 名荐天朝

寅年尅母 合数

二十八年 不愁風細丶丶 犹恐雨淒丶丶

錦帳鋪張訪洞房 梅玄錦帳有刑傷

三十八 登山不見神仙面 莫若尋常且待時

壬午之年 名達天朝

生來惟我 兄弟全無

北堂有尅 應在金年

五十二 齊眉還愁壽難齊 鏡破釵分又別離

兌數

十千零

零 一 二 三 の 五 六 七 八 九

卅一二

五十一二

卅九の十

卅三の

女命偏枯
天狗臨垣

女数在他宮
鱼得三江水
時掩紫扉避浮薄
三旬之外
戕水夗央已折骨
山前山後皆明月
未遇重限有重関

嫁婿不和原有数
長次有憂

不嫁东鄉原有数
花開二月红
只將花卉栽冬春
数难免于續娶
再调琴瑟亦生兒
江北江南总是春
当年之患死而还

一十零

一 二 三 の 五 六 七 八 九

二十八七 柳绿苇朝烟 春暖花開二月天

七十の三 連陰半月日無光 坐卧愁容竟可傷

の十平九 多逢折挫責金尽 愁入春風花帀稀

六十平九 一夕秋風江浪澗 満山宮雨雁声凄

七十二 雀帰東海春光曉 花落間階半雨晴

七十乂丰 近来詩與清如水 世景塵埋落似云

口十乂口 西湖東海浪迷天 一処愁心両処懸

六十の三 紅桃如火柳如烟 欲渡危橋少渡舡

二十

零 一 二 三 の 五 六 七 八 九

三十八七 卅卆九 十廿九

外家才旺生身
有子如琢磨之玉
長子居兜
父母宮中多旺
二句不洒
邀日朝開戶
愁中知已多如酒
六親冷淡
新愁旧恨应难說

妻有銀箱金帛
價重連城
定數
双親福壽綿綿
棄親別故
推云夜掩门
客裏傷心最是秋
情疎意絕不須言
半在眉间半在心

三十

零	四十八七	雲中有雲	欲行難進
一	口十八七	慢憐人去埋春雨	却向殘見笑晚風
二	卅二	陰雨迷天	傷心只自憐
三			
四		先在他家為側室	後当為武次妻房
五	平十八五	村逢遠山松柏暗	柴门流水稻花香
六			
七	卅八七	約畧酒家山店遠	依稀流水板橋通
八		有貴子在數	陰德所至而生
九	四十口十九	千漲雪消溪影綠	几枝梅綻海波平

四十

零一二三の五六七八九

卅八乂　早千九　の十二　廿入口　早八乂　の十入口

季春之月
笑容媚態犹堪賞
花燭裴〻
一院落花甘醉客
百卉争妍雨下晴
運逢三六九
途径定宜酒共人
將成事業还分散
五音六律

數完事畢
舞志歌懷只自知
或為刑傷
五更殘月有鵑啼
春風和暖近清明
災厄不可逃
寒塘好与公為憐
少得團圓空怨嗟
色〻皆知

五十零

一 二 三 の 五 六 七 八 九

菊滿東籬　此是歸期

の十ス日

弱柳千条杏一枝　半陰半雨半垂絲

亲戚固多　助我者少

卅ス日

紅綠偎同三月景　丹青不改四時春

母氏曾為庶　數定續父絃

二十卅九

荆棘不當車馬道　管絃常奏太平時

卅の三

和陽好景人难到　常樂常愁只自知

其弁得子　數定居羊

六十

零 深闺独秀 鲜花一朵

一 先天註定 毋數遭刑

二 六十二 几欲放怀犹未得 不知世事為何如

三 六十二 野花重发艷 枯木又逢春

四 四十七八 中秋天氣 倍觉凄凉

五 四十二 石家金谷水空流 顺逆相逢在此秋

六 此子多富貴 三大九歲宜保守

七 四十二 狂凨野艸途中恨 秋月春花分外情

八 卅 四十九 事多疑 难審詳

九

七十

零 一 二 三 四 五 六 七 八 九

四十四三

愁見鄰烟遮路色 雁聞溪水下灘声

長子居䆗 定数

卅一二

鳥散落花人自醉 馬嘶芳艸客添愁

廿一二

是梟非梟 不幸而幸

君臣梟在世憂病 子母錢来不患貧

五十五十九

樵客出来山帶雨 漁舟歸去水生波

真假見郎送我終 數定先天兩字中

翁居鼠 姑居犬

八十零

一　二　三　四　五　六　七　八　九

のナ二
十三の
五十九　の十
の十二
の十二
卅九　の十

夗央未挽同心结　随聘先傷一坐门
云收喜氣星橋渴　兩拂出塵月殿空
花间酒氣春光暖　竹裏書声夜雨空空
処是知已名是累　陷真不猷酒為鄰
若要门外风波　定有家庭不吉
不是人欺　運逢險山戕
三子居牛　定数
江南春到　百卉將红
父母宮中多旺　雙親福寿綿綿

九十

零　一　二　三　四　五　六　七　八　九

九九之寿在數　中有一関險過

父亡壬癸之年　此刻方准

五星伏逆　浮子遲遲

三子屬虎　定數

月令仲春　辭世逐塵

夫亡火年　此刻方准

重重疊疊　婚姻譜上多刑

卅九　四十

春傳梅意　百卉將紅

六十三　四

東谷笑言西谷响　一番新雨一番晴

一百零

一 二 三 四 五 六 七 八 九

一生未有遂風光好　門館無私白日用

二子屬兔　定數

不作蓬萊山島客　定為天子殿前臣

生來命孤獨　兄弟一人無

七十八七

閒看遠岫之無碍　靜愛虛窗月色明

兩對飛鴻　共巢異志

廿九卅九

甘霖雖未至　旱魃已潛消

六十八七

幽花開霽　古樹蔽秋陰

二百一十

十 一 二 三 四 五 六 七 八 九

卅八四 卅四十九 七十二 廿二

一聞便悟他人意 見識能知情性長
六親骨肉皆情淡 妻子遲招不犯刑
六子屬牛 前定
我生不辰 親母生而繼母育
卅亭新盖 無慈風雨之淋膏
金火相爭 心意不同
欲識歸期 端陽壽阻
昔年未知方外樂 暮年心性夢中忙
谷風佈暖 萬物發生

一百二十

一 二 三 の 五 六 七 八 九

六十二 秋至井梧飄風柔 夜深竹窓不勝寒

の十八四 偶倚画籬观霽色 俄然雲起又雷声

数内見即堆義慕 智巧金脩享栄華

七十の三 僧舍覆棋消白日 市楼酌酒度春秋

数旺先天 父蔭更兼祖業

五十二 争先经路机関悪 退後語言滋味長

大限逢辰 数有一缺

五十六四 鱼遊春水 洋洋自得

の十八七 日正中天雪漸消 好将旧木接新条

一百三十

一　二　三　四　五　六　七　八　九

六十八七　移花接木　度過不為凶

六十八四　無疾亦甚實　舊地歸泉事可哀

卅四九　好運既行　前程自在

卅八四　鶯啼豈能無本意　良人未必有佳期

四十八七　鳥鵲失巢長不定　飛來庭下且棲棲

早子不能得實　遲招方許送終

廿八四　福自天來　不謀而合

卅二　雙眉不展幾多春　今日逢時喜氣新

四子屬鬼　合數

二百四十

一　二　三　の　五　六　七　八　九

六十七十九　の千八口　十、二、　六千七八　卅二

其年得子
少年歷過崎嶇路
葭管飛灰陽動秋
果實于偏房
絕喜輕塵消陌上
正室偏房
父母生我父母送我
天氣從人
謀之有成

數定居兔
壯歲應逢大有年
君歸杳冥不須留
花開于正院
又悲風雨到階前
雙雙喜見于此歲
悲哉悲哉
門庭喜氣新
得心應手

二百五十

一　二　三　の　五　六　七　八　九

の十早十九
花出綺陌　中秋佳節
寒食禁烟節　是我歸家日

五十の三
無花莫酒　意興蕭然

卅の三
揄柳新晴　處處乾坤如畫

二十卅九
春天方半　重重花錦鋪云

卅八七
風恬浪息　事可以就

早十早十九
年登耳順　内外舉觴稱慶
陽春一至　艸木敷榮

卅六五
大限子年　數有一缺

一百六十

一	卅六四	方嗟山廊之凤寒	却喜梅梢又到春
二	二十一二	節序頻来	無可為樂
三		三隻飛鴻	共巢異志
の	六十十九	葉炉火未息	一去不再生
五	五十十九	德与時新	永膺戩穀
六	の十六七	所欲之志	屈而未伸
七	七十八七	掃来花辨和泥塈	咏罷詩章只有刪
八	の十六四	天意護人	吉隨祥至
九	の十一二	梅彈打下花裡夢	秋針刺水晌中天

一百七十

一 二 三 の 五 六 七 八 九

四十二 の十平九 十の三 七十平九 卅の三

日暖風和　氣象添新

流年若問事如何　几番吹戻几愁歌

有女当為妾　他日富饒不必説

庭下青台　雨潤其色

荣辱已抛塵網外　是非不到水雲间

不共椿生共萱育　飛集于巢成昆玉

会稽勝地　可以遨遊

君家星卜久潜心　報吉淡凶理宸深

一百八十

十　一　二　三　の　五　六　七　八　九

十の三　汀云忽起　明月無輝
二十八　急水行舟　輕風相送
君之後窩不非輕　乃是心田種所生
木令当權　數当告止
卅の廿九　夜半一陣三更雨　送尽飛花入水流
四十の廿九　春光淡淡　碧水溶溶
十廿九　画水無声空作浪　綉花有色不聞香
父失母木妻是土　合數
大限已年　數有一缺

二百九十

一 の十二
莫道清〻明皎月
浮云忽起満天涯

二 の十九平
月出楼台
可以賞玩

三 七十の三
独坐看秋月
清光実可依

の
五月矣趣
君教当止此

五
有意成仙骨
廿心恋世塵

六 卅八七
欲望前途径遙
偶逢捷径有通橋

七 十不口
鳥棲茂林
忽被弾鷲

八 卅二
凝露惟清夜
愁懐似有無

九
親生之子鏡中花
承継見郎續孝蔴

二百零

零 一 二 三 四 五 六 七 八 九

卅廿九
廿十四十三
四十廿九
七十四十三
六十廿九
卅六廿
四十四十三

大限逢午
花開如錦世心悲
神祐家康多安樂
得于不濟—夜多消耗
貂裘已敝
星月滿天分
八月〻未華
總有春風妻又寒
經卅迷三徑

一鈌难逃
作事多歧渾歎悲
願甘不足免煩嗔
勝〻不侵
風來夜氣清
歸期〻已定
秋來萬恨集眷端
庭花挽四愁

二百一十 母亡丁年 此刻方准

一 卅七八 樂而無憂 时遇其康

二 命中註定休煩惱 說你世兒勝有兒

三 流年滑子 屬馬

の 卅七八 徑卅虽未碧 池水却已融

五 夫亡木年 方准此數

六 若向終身壽 三十加添二六年

七 其年滑子 數定屬猴

八 生未惟我 歸妹之數定無

九 九子屬土 方合此數

二百二十

一　二　三　の　五　六　七　八　九

乙年尅母　合着此数

数中双果　送我帰西

君家君问寿多少　八卦加乘十二年

十五 六

三陽物转　梅花几点续寒英

七十ス口

畜身跳出塵世界　一点多心識洞天

大限申年　一鉄难逃

凰侶鸞儔　永配園园到老

七十千九

走陷而不知　有救幸無失

二十の三

纔見花開　时光堪賞

二百三十

一 妻亡火年 合數
二 臈月穴極 君歸是極
三 十子居金 合數
四 有口不能談巧語 天年數定不差移
五 妾為継室 拔甲為尊之數
六 母亡辛年 此刻方准
七 性巧心灵 聰明俊秀
八 夫亡金年 合數
九 惜苦愈貧 積德扶人

二百四十

一 二 三 の 五 六 七 八 九

二十九
卅九

未及拜賀新正
閨中独秀
撥開天工雲千里
夫亡水年
大限丑年
帰期〻已定

不寒不暖良家女
君家君向天年事

早辦帰程故事
並無姊妹
放出当空月一輪
方准此數
一缺难逃
不及看龍舟

無是無非宜室妻
寿到古稀又八年

二百五十

一 二 三 四 五 六 七 八 九

廿の三

好礼富人家

未着貧而樂

其年淂子

数定属鷄

子年尅妻

方合此数

夫生秋季

合数

廿九の十

后云飛過

月朗星稀

君家若向寿

古稀又六年

満頭帶雪

方是帰期

妻亡丑年

合数

一百六十

一 翁屬猴 姑屬鼠
二 翁屬猴 姑屬牛
三 寅年尅妻 定数
四 翁屬猴 姑屬兔
五 卯年尅妻 註定
六 翁屬猴 姑屬蛇
七 父屬虎 母屬鷄
八 翁屬猴 姑屬羊
九 翁屬猴 姑屬鷄

二百七十

母亡癸年　此刻方准

一　一千七十九　画錦寿延開　見孫慶福來

二　腹秀心中巧　稟性自天生

三　四千十二　雙親定作歸西客　祈保徒勞總無益

四　一千七十九　無同孤自抱頭搖　此日閻君下帖臨

五　庚年喪母　方准此刻

六　流年得子　定數屬牛

七　一千七十九　三妻梅李　却嫌微雨溟濛

八　心慈常念太甘苦　積德扶人是本心

九　翁屬猴　姑屬豬

一百八十	夫生季冬	前定
一		
二	不道中年尚未逢	三春楊柳遇三冬
三	翁屬雞	姑屬虎
四	運行五六始亨通	財喜同臨入命宮
五		
六	五隻飛鴻	共巢異志
七	積德扶人促後昆	子孫富貴壽長生
八	大限逢寅	謹防一缺
九	翁屬雞	姑屬豬

二百九十

一 二十六五 事敗而復成 花好在三春

二 妻亡土年 方准此刻

三 躍過一重溪 直到三三教不遲

四 卅八七 足誇青云辭白屋 手攀桂枝上云梯

五 夫亡土年 此刻方准

六 君家若向天年事 雪鬓皓然方始歸

七 卅八七 雨後落花紅滿地 風中飛絮暮潮中

八 謀事如心中限事 巨舟風送白漫天

九 翁屬雞 姑屬羊

三百零

一 翁居鷄
牯居犬

二 十七八
小順大逆
作事須慎

三 翁居犬
牯居牛

四 六十の三
乃吹敗絮漫天舞
雨打桃紅滿地愁

五 運限不濟
謀為多阻

六 四十の三
滿地落花緣夜雨
一林病葉為秋霜

七 四十六
芳艸逢春發
芝荷當夏生

八 の十の三
青年遭際事和同
謀合如心氣象隆

九 二十の三
杏子向陽紅不變
柳絮着雨綠稍勻

三百一十

一　一十知　世病亦世矣　驀起晴帖自陰来

二

三　水火之年　尅子合数

四　其年犯過　後有豐年十五

五　終身之運　交花晚節

六

七　焚香礼佛為尼　忽作洞房之帰

八　二十二　李白甚紅三月天　卯原芳艸色新鮮

九　翁居大　姑居兎

二百二十

一　早運費精神　晚景方安然

二　口十八七　是是非非未有停　東撐未久又西撐

三　幼年疾病相侵　三六九歲宜保守

四

五

六　四十八七　波過波濤風始穩　小舟近岸反生驚

七　二十一二　運不逢時　謀謀失利

八

九　口十乂午　光明之象如日之午　中限亨通事无不可

三百三十

一 劳心力以成家 費思慮而立業

二 流年得子 數定屬悅

三 卅二 初年壯歲 喜逢順水行舟

の 人言平步工天难 足下云生頃刻间

五 口似利鋒 心如直矢

六 寿数有七旬 但怕中间一渡津

七 綽约柔和性來灵 能通文史与经書

八 為人豪爽 濟困扶危

九 肖屬犬 牿屬龍

三百四十

一 子規啼血淚紅烟　椿萱衰服兩連綿

二 早年運混逐多病　積德延生保天年

九丑子午

三 数有水木子　合数

四 翁屬犬　姑屬蛇

五 翁屬犬　姑屬猪

六 濃情以待人　慷慨以处世

七 翁屬犬　姑屬羊

八 大子屬猪　定数

九

三百五十

一　二　三　の　五　六　七　八　九

四朵桃花　榮枯自別

翁屬犬　姑屬鷄

為人慷慨　不計小利

翁屬猪　姑屬蛇

卅六

艸綠遍郊外　花紅滿大川

七十八七

面容九摺尤荷色　此日閤君下帖招

三百六十

一 二 三 四 五 六 七 八 九

午時三

早知

翁屬猪

抛却残書

朧疑杖放

寿夭虽閲命

先花後果

只道旧年常下雨

若向终身事

大限逢卯

重继双親

翁屬猪

姑屬猴

可得陶朱事業

大限当终

積德可延年

结子堅牢

今年还有不晴天

霜雪消归期

救有一缺

寿元可久

姑屬犬

三百七十

一 二 三 の 五 六 七 八 九

冰炭之象　居于大親之中

の十五十九

雷動禹门桃浪暖　風和日暖化魚遊

黃冠野服一仙流　不在風塵伴侶儔

五八美運逢　謀事盡亨通

壯歲多成敗　榮華在晚年

少年景象可圖謀　不勞心力自如心

廿八日

壽限當完　其年有阻

三百八十

声名四海鎮边疆

掌握兵权助圣主

一 の十千九

下温下乾墻上艸

輕寒輕暖の时花

二 二十八七

喜氣如春至

才祿尽如心

三 二十の三

數逆雨余经先断

一声宦洞杜鵑啼

の 五十千九

只坐下棋全美勝

掌手誰知着〻差

五 七十千九

勿濂志圃秋容淡

别有黄花晚節出

六 五十千九

裁花飲酒

世不為榮

七 の十二一

掙過今年黄葉落

須知來歲柳条青

八 五十八七

几番弄巧多成拙

正欲求才又破才

九 十の三

据花多遇雨

似月下商云

三百九十

一 二 三 の 五 六 七 八 九

十八口 嫩柳不禁三月雨 奇花無奈杜前霜

夫命已亥生 合數

ロス 急水難流灘上月 利刀難剪鏡中花

廿十八七 金童玉女下瑶宮 連接恋來入夢中

の十二 回欲加鞭馳駿馬 誰知前路过危橋

卅八七 乍雨乍晴迷路逕 乍寒乍暖困人天

四百零

一 二 三 四 五 六 七 八 九

為人豪與義俠　提携帮助施仁

口十六口
慈親此歲遊仙去　定赴瑤宮不在堂

口十平九
慈親此日赴黃泉　白髮見郎淚涓連

無心之處成家業　不意之中利祿生

休嘆六親情寂寞　還嗟骨肉兩惶惶

君家若向婚姻事　先到家中后結親

四百一十

一 二 三 の 五 六 七 八 九

九次黑風吹大海 不曾當得釣魚舟

夫生春季 此刻方准

の十の三

謀為趋險道 不如勒馬且收彊

〤十六〤

萬里江山無阻滯 名利場上好施為

妻之壬癸之年 方准此數

原配婚姻須斷續 早招兒女有虛花

申年尅妻 前定

四百二十

一 二 三 の 五 六 七 八 九

ロ十二　安株待兔不得兔　張網求鴻不得鴻

の十四八　莫誇無駿馬　休乘月下舟

夫生夏令　此刻方准

卅の三　好消息之年　得意事從心

妻亡酉年　准數

重拜及親別立宗　身居湖海一帆風

妻亡戌年　合數

四百三十

一 二 三 の 五 六 七 八 九

の十七 八
口十一 二
口十九 十
口十一 二

妻亡甲乙之年 此刻方准
妻亡午年 此刻方准
畏党順風遭屈西 喜逢險地也呈祥
流年不必向行藏 犹如衰艸怯秋霜
意欲賞花並賞月 何期風雨阻前程
已謝之花重再發 四湖之水復生波
妻亡丙丁之年 此刻方准
文章事業虽無味 刀筆功名实可誇

四百四十

一　二　三　の　五　六　七　八　九

卅の十九　末年喪妻　此刻方准

卅の十九　莫道天常暖　須防不測風

卅の三　莫入驚人浪　而尋得意魚

妻亡戊己之年　此刻合數

二十八七　花落只因連夜雨　葉飄皆為五更風

二十八七　莫道寒梅多冷落　春風時送暗香來

妻亡庚辛之年　方合此數

妻亡亥年　合數

四百五十

一 姻緣輻輳前生果 註定夫妻同庚生

二 卅八 往來事業清如水 今日源頭活水來

三 翁属羊 姑属猴

四 卅六 得意之中防失意 無心之处要留心

五 翁属羊 姑属犬

六 四十二 暢飲天然趣 招呼美事多

七 翁属羊 姑属猪

八 翁属猪 姑属乕

九

四百六十

一 二 三 の 五 六 七 八 九

七八

の十卆九

翁属羊
心性三分急
翁属羊
似玉藏頑石
翁属羊
花落花開象
翁属馬
翁属馬
蒼蠅豈破無瑕玉

姑属馬
行藏強出頭
姑属蛇
如珠潛水淵
姑属兔
生涯賴有天
姑属猪
姑属鷄
不費資財也費心

四百七十

一　二　三　の　五　六　七　八　九

八十八七　半夜笙歌声不歇　微凤吹動烔明滅

卅八七　黄金出土祥光現　皓月高云萬里平

時介年根　再撥琵琶續斷絃

口十卆九　萬里江山無尽頭　淂停舟处且停舟

の十八七　春雷振起穴中龍　脫却塵凢工九重

洞房花烛夜　白家雪花天

四百八十

一 翁屬馬 姑屬兔

二 甘居陋巷樂清貧 氣象之明自有成

三 祖業枕水磨刀石 日見其彰

の 巳年尅妻 合數

五 翁屬羊 姑屬牛

六 妻喪辰年 此刻方准

七 翁屬羊 姑屬鼠

八 翁姑全屬馬 合數

九

四百九十　一　二　三　の　五　六　七　八　九

少年难遂胸中志　壮歲何愁不称心

五十六五　其数没　两打元宵灯巳绝

父属水　母属木

同枝手足遇東风　数内椿同萱不同

白虎口中成事業　青龍頭工起家園

情如活水难分断　心似灵犀隔也通

五十六五　作事無功空自劳　秀面不失性生描

逆妻枷子前生定　有药难医病在心

五百零

一 二 三 の 五 六 七 八 九

不圖享福不圖安　性直施恩反招怨

生來見識家高明　几番破散几番成

先任郎官　加之司寇

二十七八

春晴壺李放　秋宵菊蕊開

二十二

釣得魚兒失却鈎　半憂半喜在心頭

閨中寶鏡多塵積　姻緣隄防双裡双

五百一十

一 二 三 の 五 六 七 八 九

素生之子鏡中危　偏室之兒緒孝蘇

廿一二　巧处湧未拙处消　鳥飛力倦崇山高

四十一二　枯木湧荣　冬去春逢

廿八七　倉廪空虛门面寬　画舡虽巧欠风帆

卆八七　亨清向而延岁月　喜佳慶以度春秋

独步天衢披着紫衣　鍾鳴鼎食澤被王畿

道湧黄庭是本经　叮嚀朱履拜三清

廿八午　一溪清水遊鱼戲　三叉春雷虬久珠

五百二十

一　二　三　の　五　六　七　八　九

財旺生官女丈夫　生成伶俐有称呼

四十三の　事已得而傷失　暮云秋色

卅八日　曇花茂彩添彩色　碧水連用大地春

朋友之间冣有情　若言骨肉兩相爭

延過五九怕七二　挨過之后有七旬

禪斋僧勝性光明　丹丸煉就悟才真

の十七八　耍罷對花飲酒　醉来揀韻步詩

五百三十

一 二 三 四 五 六 七 八 九

卅七 八

不將手近污泥 財利焉能到手

宝鏡又添新氣象 禪房幽靜勝西方

洞房有花顏不老 仙家無事日長明

二十 卅九

窮耕儘可圖安樂 何必經營利市塵

十事謀為九事空 一心西去又還東

七十 八口

數当绝处夢南柯 富貴黃金奈若何

五百四十

少年運道多逢蹇　中歲謀爲遂意多

一	卅九 四十	急〻巳〻過半生	到今一事也無成
二		爵居方伯之尊	亦是外台極品
三		交情仝管鮑	立志蕩淩雲
四	四十一 二	帝寵星辰遠	天恩雨露新
五		手捧如意因子顯	誥封方信事來真
六	二十三 四	一日陰晦一日晴	半篙風雨半陽春
七		靈椿先被風吹折	萱帏秋風晚節墜
八	卅一 二	利可求	前途進步往他州
九	廿八 九	炊臼夢回嗟寂寞	閨中失卻果疑人

五百五十

一　二　三　の　五　∩　七　八　九

卅八七

七十八七

口十九十

一生事業强支持

怎耐身心未許閒

運明洳月

早子寃花添煩惱

暮道歳華成暮景

靜坐僧房念般若

綽約柔和性本剛

骨肉親情事不宜

才如秋月隱云向

漸減清輝

遲招淂实在心田

翩翩俠氣勝当年

幽居佛舍晤菩提

能文能武壓羣英

五百六十

一 五行帶秀心中巧 不讀詩書事事能

二 一生有餘自足 幾番樂裡添憂

三 昔年已折鹿鳴歌 幾遍長安未遇何

四 一舉兩番湯餅会 双双捧出掌中珍

五 鷄鳴消息重重振 大吹功名事事成

六

七 早一二 帰來捧檄娛親日 富貴榮華盡日間

八 奕罷撫琴呼竹葉 醉來吹笛弄桃花

九 子午九 昔年豪氣望長紅 回首功名居夢中

五百七十

一 二 三 四 五 六 七 八 九

七千八七 卌八七

明月團圓处　云建宇宙昏
數逢天哭星臨　母數应当入九泉
半生勞碌財難聚　晚景方知懷抱寬
年來天哭星臨　喪却成家之子

卌不口

流年喜事臨　有款尽遂心

口千三

回首須知事已除　也須鏡裡嘆韶華

五百八十

一 二 三 の 五 六 七 八 九

廿の三 旱苗得雨 頓起生花

父母己卯生 合數

の千乂口 為山九仞 功虧一簣

卅六 失得物喜 謹守無虞

廿乂口 青云得露 喜氣語常

六千六二 眉頭難展意深深 祿馬双全福寿隆

の千千九 五湖四海盡行船 高掛風帆把舵堅

五百九十

一 二 三 の 五 六 七 八 九

の十の三 勞心勞力欲成功 待得花開又遇風

卅の三 四野昏迷日欲西 行人前往步难移

墻外桑麻屋後田 閒看書卷倦时眠

の十の十九 眉頭一舒一戚 樂处生憂

頃登台而拜將 或禱席而呼神

半生休嘆家南北 萬里関山歷覧回

一		毋命戊申生註定
二	二十八	運至衣冠皆生色　時來步履也通灵
三	十八	莫把琵琶亂撥　須防別調云迷
の		狼虎叢中敢向前　生來近得貴人顏
五	二十九 卅九	雨足江村　艸木重新換色
大		許君一子送終　方應蘭歌之兆
七	十六 十二	斗轉心移　風微雨細
八		翁姑全屬猴　數定
九		壁工掛棋盤　有子怎樣安

百一十

一　二　三　四　五　六　七　八　九

二十八七　八十八七　卅九七　二十二

牛羊運到利名成　跨鶴揚州踏錦球

江村一隻小魚舟　空費綢繆無所求

四野蒼蒼風月向　遐齡松柏壽長年

巧中成拙拙中成　每向求安变作驚

一喜喜逢双喜快　兩璋浮弄在嘉祥

未经寒食花先謝　不到清明柳絮飛

早恨圖謀事業凋　融融氣象晚年高

六百二十

一 二 三 四 五 六 七 八 九

三雀高飛立海边
独留一隻立人向

卅 不知
自立之中自不向
欢心樂处有憂煎

五十 平九
春色十分濃
万象將終復發榮

十 卅九
妻正濃
梅蕊成椒歆破瓊

の十二
苑裏泉声听鳥啼
靜中猶有是和非

七八
歌鶯声猶囀
將行羽尚凋

二十 不知
琴瑟和偕正少年
何期絃断使人憐

務本忠誠厚儉
立身寛恕慈和

六百三十

一 二 三 四 五 六 七 八 九

蟠桃三度熟　壽介八旬餘

黄花晚茂　花甲一週零

五十六五

回首故鄉千萬里　夢魂已赴落花声

許君五九加一紀　穩如盤石不須憂

青年蚕被聪明悞　向裡生涯覓利多

四十六五

安间每見多辛苦　享福之中又隱憂

六十六五

數已無　好花零落奈如何

六百四十

一　二　三　の　五　六　七　八　九

六十九 七十　七十 六十九　六十 六五

花正芳菲春色好　姤花風雨霧漫天
劳力劳心事々早　妻財子祿晚年逢
壯歲功名江上雪　早年事業水中鷗
大衆骨肉多不足　雨裏桃花風裡燭
藝術方能奇巧多　高人相合半支孤
五人有刑　再娶辛卯生
春早好花開早鮮　云中皓月缺还圆
平生志合高人意　口直常招小輩嫌
敎已世　榴花噴火夢南柯
求名獲利初难遇　跨馬騎牛事後亨

六百五十

一 五十 四十九 一週甲子未完全 夢往華胥国裡边

二 數已無 桂樹飄香入南浦

三 卅四三 費心費力莫怨勞 時逢美處放心佳

四 卅二 勿心焦 胡笳声斷椎樓曉

五 君歌枝頭結菓實 培根積徳始能成

六 七十 六十 其人數已完 寿元臨月終

七 寿算不齊 預宜積德培心田

八

九 四十 六十五 安樂中有多辛苦 自古之中有隱憂

六百六十

一 卅九 卅四 風雨窗前君子竹 萋萋今日根平安

二 妻而遲未子亦遲 早招刑尅不相宜

三 二十四 十四 月朗星稀 南枝三匝未能棲

の 二十四 十八 禍患相攻 龍爭虎鬥互相沖

五 六合相逢大有功 名魁邦国利無穷

六 卅九 卅 不如隨分過 万事總由天

七 人聰明而事業鈍 志氣高而運不足

八 の十三 の 塵緣事業尚重重 暗入南柯一夢中

九 空拳創就規模 白手掙成家計

六百七十

一 果是柔和可治剛　名奇一品待君王

二 卅四十九 捲舌磨牙　言事交爭

三 四十八七 凡事磨折頻招口舌　平地風波事圓後缺

四 四十二 如何如何　憂事多多

五

六 六十八七 歸舟只載惟明月　枉把精神日夜忙

七 十二 譬如初三四月蟾　半無半有未完全

八 四十八七 船尾洋洋深水中　吞瓦唼影遇魚翁

九 七十四三 蜀道如天險　嗟峨未易通

六百八十

一 二 三 の 五 六 七 八 九

五十二
春風秋月云如許
好向林泉樂有餘

口十の三
諍喋做出人頭地
順水流舟去不停

不須驚
一輪明月交東昇

三十の三
談古論今三寸舌
常安道上說書詞

工蒼垂祐
吉慶平安

卅乂日
慷慨風流性更強
半生事業在他鄉

口十の三
得利能消駁
盤旋強自如

六百九十

一 二 三 の 五 六 七 八 九

十九 卅九 不堪說

心慈由前定

廿八 駕得扁舟過洞庭

根基凡裡棻

の十二 别是清幽景致

六十の三 一经落花啼鳥

動靜机関打末開

卅 八七 自有範模手段

杜鵑啼落枝頭月

性快出天然

風息浪靜水平ゝ

早年事業雨中花

隴頭常伴梅花

半川流水寒鴉

微凡细雨强開怀

惟從橐籥机関

七百零

一　二　三　の　五　六　七　八　九

自有高人相牽用　何須騎鶴上揚州

卅八七　求謀难称意　諸事強支持

の十八七　经過這番連底凍　梅花依旧滿園開

廿二　眉兒锁　泪珠洒濕春衫袖

廿八七　楊花似雪点衣衿　宇宙声中有不仁

卅二　馬陵道上孙龎閙　九里山前楚汗争

廿卅九　財多耗　只為鵝鵲併噪

の十廿九　红日一宵昇　村中雪自消

七百一十

一　二　三　の　五　六　七　八　九

七十九 千十九　雷雨風飄燭影搖　淒其默默意無聊

夫妻硬配和琴瑟　金石無傷可到頭

二十 乂ㄖ

七十二 二十一　好景風光　柳綠桃紅物色昌

の十 乂ㄖ　一見清光憂竹　半窓明月後梅

ㄖ十二 二十一　寶鏡重磨新色　逢春枯木開花

卅 乂ㄖ　花園晝長人靜　槐陰晝暖日遲

廿 卅九　水遠魚難躍　山高任鳥飛

五十六 二　自有天公着眼　從他雨打風吹

七百二十　一　二　三　の　五　六　七　八　九

廿乂丹　哭談終有忌　撈月手空酸

廿二　月透九霄千里皎　凤恬四海浪涛平

卅の三　任他高掛凤帆　直到云山深处

卅の三　淺水困蛟龍　未交運未通

の十二　白云留不住　飛落在人间

卅の三　馬行慎踏途中井　鳥宿須防暗有弓

人十二　霜葉廿凤自落　秋云不雨生陰

廿卅九　憩着到此還成皱　壯志于今惜未酧

花開逢踮雨　菓熟遇狂凤

七百三十

一　二　三　の　五　六　七　八　九

五千九

翁居甬　姑居鼠

金水之年　功名拾芥

夫乙木土之年　合散

數逢花甲喜非常　忽獻蟠桃壽也無

母命己酉生　注定

栽培須仗陰功力　自有神仙送子來

七百四

十　翁屬虎　姑屬羊

一　家業心田積　營謀指下成

二　母命已亥生　注定

三

四　卌八七　嫩蕊裹紅猶未綻　新楊烟雨未舒眉

五　仁心千樹杏花開　三指前人手自栽

六　母命庚戌生　先天數定

七　四子早九　云迷月色不光明　風未寧時雨又淋

八　翁屬虎　姑屬猴

九　廿八七　未宜施有用　虽吉而云良

七百五十

一 二 三 の 五 六 七 八 九

妻命戊申生 註定
闡道法於鍾鼓 出歸籌於雷凤
母命壬戌生 注定
妻命丙戌生 注定
莫道園时逐有缺 須防缺処再逐圓
翁居宅 姑居庚
秋凤一夜至 吹落滿園花
翁居宅姑居乾 前定

冚化

卅九
乾

七百六十

一 二 三 の 五 六 七 八 九

翁屬兔

花甲一週添八載
出入行藏礼義恭
夫妻全甲寅

亻十の三

月出青空照碧流
夫妻全甲申

の十の三

慷飛野鶴自挍籠

姑屬猴

主人積德也難留
言必溫良行必忠
註定

霎時雲鎖暗昏迷
註定

欲牽沖霄落檻中

七百七十

一 二 三 の 五 六 七 八 九

卅
丹大

翁居兎
魚龍混雜意难舒
母命庚辰生
不覺一朝頭角聳
翁居虎姑居鼠
手足不停
三子居虎
翁居虎

姑居犬
耐守空潭自有时
注定
禹门一跳到天涯
注定
名利自生
合數
姑居兎

七百八十

七百八十		翁屬鼠	牯屬馬
一		始迹寄于空门	终揚眉于仙境
二		翁屬鼠	牯屬猴
三	廿八	東君昨夜报喜来	運氣相逢亮漸開
の		红鸞星照红塵客	何必孤林礼佛圖
五	卅二	登山不見神仙面	莫若尋常且待时
六		夫妻仝丙辰	註定
七	廿八	有個知心尚未来	昏〻默〻正徘徊
八		翁屬鼠	牯屬犬
九		翁屬鼠	牯屬猪

七百九十

一　二　三　の　五　六　七　八　九

卌八七　捲石揚飛省怎用　祈神修德命還来

燕雀出巢来　自有飛騰志

不陰不陽暗疾　無凶無險終身

三の　福也齊来祿也齊　好似蜉蝣壽不齊

早養蠶斯好　春天雨露宜

卌の三　滿園桃柳放　景色自繁華

早十平九　藍袍換得祿袍新　閭里增光緑袱還

の十平九　適遇風波三两重　看看舟楫趁東風

八百零

一　二　三　の　五　六　七　八　九

五十二

强把看頭帯笑顏　心中煩悶不堪言
明帝王之道　応時君之聘
流年当结菓　將勉被虫傷
失祖宗之撫育　承異姓之宗祠
父母仝壬申　合数
兄弟六人　楽奏几般音
花勉鲜明菓已成　風吹菓墮惹猿声

八百一十

一 大七之年美運通 安居樂業福当隆

二 父母已巳生 前定

三 枝頭結菓始新鮮 雨驟風狂未見然

の 長子屬猪 定數

五 黃門之中 独称夫子

六 未赴桃夭之会 先有桑中之約

七 枝頭結菓方青色 却恨晨霜与悪風

八 喜未安穩又怨遭 花開結菓不堅牢

九 兄弟十四人 仝父各母生

八百二十

一 春花開發雨淹淹 秋景芙蓉分外鮮

二 掌上韶鈴寧海甸 胸中兵甲息江濤

三 祖業執北月上弦 中秋又得復團圓

の 才德兼優 謂之俊秀

五 の十七八 我心悲傷 涕泣沾衿喪老親

六 母命壬辰生 註定

七 五十九 蛟龍得水 其志乃伸

八 二十の三 流年瑞氣生 有歡得遂心

九 少年黃卷潛心讀 萬里青雲路有通

八百三十

一　壽元八旬外　裝束往西行

二　父母仝壬生　合數

三

の　朝来暮去深山裏　落得清閑度此生

五　守中而不失　全德之人

六　父母壬辰生　合數

七　硬命佳人方共老　月中丹桂晚飄香

八　六十の三　瑞氣繞中庭　天時樂意濃

九　卅八　妻災已愁　中懷鬱鬱

八百四十

一 二 三 の 五 六 七 八 九

廿九 卅九
廿三 の三
廿三 の三
七十七 八十七

翁属兌
流年結菓在枝頭
安时而处順
前程自有吹噓容
不同之事强為同
一遇知己
晚年福祿最為先
須交四九方成業
一去不復返

姑属帰
忽起狂風寔可愁
淂意倍尋常
金水相逢自有榮
枉費精神未有功
肝胆以知
有子須當拜聖賢
改扱门庭事〻新
見孫空流泪

八百五十

一 二 三 四 五 六 七 八 九

廿八七 卅二

五雁分飛向吳越　楚天風雨自淒涼
夫妻全丁丑　前定
夫妻全己亥　合数
萬紫千紅總是春　春風拂〻于云居
人逢喜氣精神爽　花遇陽春色更鮮
兄弟五人　全母不全父
用足錢財　惟酒怡閙懷
為人蘊藉謙和　臨事戒慎恐佈
祖宗積德在先前　平地青云自有緣

八百六十

一 二 三 の 五 六 七 八 九

の十 早九　卅八七　六十八七　五十不四　二十の三

渴弓無箭　欲射不能

橘綠橙黃佳色　燕飛鶯舞时光

花殘月落　木被土埋

秋到梧桐葉自凋　家園撤却教难過

吊客來臨　当年損六親

燕子聲〻有好音　疾風暴雨一时傾

伯道世見天意　幸逢猶子唱聲歌

八百七十

九	八	七	六	五	四	三	二	一
火星照宅	卅四九年 韶華駒過隙	翁屬蛇	父毋己酉生	單食瓢飲	父毋庚午生	翁屬蛇		
取去家資	時序水東流	姑屬兔	前定	世君自適	前定	姑屬羊		

八百八十

一　二　四　三　五　六　七　八　九

謁見侯貴　有軒冕之榮

父母庚申生　合數

不求名奪登廊廟　白屋原來小富翁

斧鉞之威戾　凜然难犯

火土遇流年　入監定其真

廿八七

昏昏默默未分明　雨雨風過却妻

夫妻全戊子　前定姻緣

稼穡之事　親受其艱

八百九十

一二三〇五六七八九

十〇三 年当入泮　数定

大十七十九

言笑未畢　憂未暴測

未经宫食苑先欽　不到清明柳絮飛

十八七

原来数定不由人　定作屏風背後人

父母全已未　合数

此刻之中　金外年未定结姻

戌亥年未喜　苑开结菓堅

九百零

一 二 三 の 五 六 七 八 九

文理成章人特達

夲二
硯池養就蛟龍化
の十九
無事休騎三足馬
八十二
洋洋得遂男兒志
卅の三
朝暮日月駟馬過隙
白日莫閑青春不再
翁居豬
の十の三
翁成生
安而無辱

琴堂小試展顏開

筆路能通虎豹行
等閑莫踏兩頭舡
財利私心事事宜
歲短期促時難再至
失今不為何時可得
姑居牛
姑居馬
常享其足

九百一十

一　金水之年　休官歸梓里

二

三　十二　花開露重又垂淚　柳發寒多似皺眉

四　父命縊忘　悲哀可傷

五　翁屬土　結屬金

六

七　家豐業厚　戶納禎祥

八　官居遊擊　赫赫威風

九

九百二十

一 二 三 の 五 六 乂 八 九

羊頭牛尾

の子八乂

卅人丑

安居帥府擁旌旗
此命生來衣食足
重重有喜重重吉
江有寶珠海有大魚
我命數逢運
此數之中
申酉年來喜
其年貴顯

大祿戒意

四野人民盡威懼
中年醉飽無榮辱
事事如心事事奇
速行前去財利有餘
妻合死青鋒
水土年來病必逢
花開結菓堅
定受紫誥之榮

九百三十

一 丑十八七 所行有陆 与衆同居

二 若欲向妻並向子 不傷心處也傷心

三 丑十八七 地利合天時 從此好施為

○ 赤胆忠心 戝居將相

五 丑十八七 喜得蟾宮消息至 許君高步折天衆

六 父母庚戌生 前定

七 鷗鵬展翅 尋見扶搖而直上

八

九 福德穩重 夫必顯榮

九百四十

一 二 三 の 五 六 七 八 九

卆十二 早年雖好中煩惱 晚景榮華福自高

卅卜ス日 越老精神椎百倍 財源滾〻萬千金

廿八乂 投楚王孫空悵恨 去秦蘇子自文當

早十卆九 父母仝辛酉 前生已定

乂十の三 青龍照戶重〻喜 紫燕啣泥習〻妻

の十早九 月出云端傍有色 風送飛裏過東来

猿鶴啼 分 壽限已阻

九百五十

一　六千二十九　南山松柏　常茂不落

苏基旧业身难靠　别創家园富又昌

二　廿四三　東风解凍　河水東流

三　四千十八四　退隱山林　消遨遊之樂意

四　四千八四　月光明处有雲黑　风入長江浪主息

五　四十八七　大器成材　一舉成名之歲

六　七十千九　花红逢雨洗　月白被云迷

七　七十千九　知君老至精神旺　財祿從增事業昌

八　四千四三　文章超群　高攀丹桂

九　四千十二　魚躍龍门翻浪暖　身登月窟桂花鮮

九百六十

一　二　三　四　五　六　七　八　九

四十六　二

一　二

二十七　八

二十九　卅

龍舟搏顆位至三公　世祿久長起動安寧

金珠宝玉榮宗祖　留得高名在帝都

青松柳綠窜雀巢　飛向青云逐碧霄

鶏方啄粟　為狐所逐

雖有関雎之德　宜於偏室之居

流年入泮　喜氣洋洋

正道風光春景好　何期又遇杜鵑啼

長子屬犬　合數

九百七十

一 卅二 眷就経编之學 翻然高跳龙门
二 五十八七 不知真性歸何处 擬向行云流水中
三 四十八七 山色有情留客賞 湖光无意恋人遊
四 日十八七 碎不多时却又圓 几番折挫立身堅
五 卅二 榛枝已落 徒興陟岵之悲
六 六十二 出于幽谷飛上喬木 鼓其羽異辉光照国
七 有妻有妾 奈何育子艰难
八 能家之春 惜乎子息难生
九 四十九 春到自然爛熳 秋来到处月光辉

九百八十

十　一　二　三　の　五　六　七　八　九

卅早九　早卒九　　早卒九　卅八七

若欲問[illegible][illegible]夫並向子　不傷心処也傷心

春花開処日遲遲　半夜風來苦自悲

天之所祐　福也加我

父母全辛亥　前定

蘭玉無生　宜嗟伯道

天降其祥　吉利無殃

吟成白雪心如素　夢到梅花清也樂

父母辛丑生　合數

九百九十

一	廿卅九	步入坦途隨已意	積白堆黃富有餘
二	卅八七	求身進处身难处	歎自如時不自如
三	廿一二	月到中天云漸閑	移將花影上楼台
四	廿八七	爭訟之年	牽繫之悔
五	卆八七	安如泰山福祿屢增	雖有虎豹不致危身
六		求財獲利初难遇	中途亨通事事佳
七	廿一二	兩不相和	訟事相公
八			
九	卅卆九	庭前有日松无影	檻外无風竹有声

占筮類			
1	擲地金聲搜精秘訣	心一堂編	沈氏研易樓藏稀見易占秘鈔本
2	卜易拆字秘傳百日通	心一堂編	
3	易占陽宅六十四卦秘斷	心一堂編	火珠林占陽宅風水秘鈔本
星命類			
4	斗數宣微	【民國】王裁珊	民初最重要斗數著述之一；未刪改本
5	斗數觀測錄	【民國】王裁珊	失傳民初斗數重要著作
6	《地星會源》《斗數綱要》合刊	心一堂編	失傳的第三種飛星斗數
7	《斗數秘鈔》《紫微斗數之捷徑》合刊	心一堂編	珍稀「紫微斗數」舊鈔秘本
8	斗數演例	心一堂編	
9	紫微斗數全書（清初刻原本）	題【宋】陳希夷	斗數全書本來面目；有別於錯誤極多的坊本
10－12	鐵板神數（清刻足本）——附秘鈔密碼表	題【宋】邵雍	無錯漏原版 秘鈔密碼表 首次公開！
13－15	蠢子數纏度	題【宋】邵雍	蠢子數連密碼表 打破數百年秘傳 首次公開！
16－19	皇極數	題【宋】邵雍	清鈔孤本附起例及完整密碼表 研究神數必讀！
20－21	邵夫子先天神數	題【宋】邵雍	附手鈔密碼表 研究神數必讀！
22	八刻分經定數（密碼表）	題【宋】邵雍	皇極數另一版本；附手鈔密碼表
23	新命理探原	【民國】袁樹珊	子平命理必讀教科書！
24－25	袁氏命譜	【民國】袁樹珊	
26	韋氏命學講義	【民國】韋千里	民初二大命理家南袁北韋
27	千里命稿	【民國】韋千里	北韋之命理經典
28	精選命理約言	【民國】韋千里	
29	滴天髓闡微——附李雨田命理初學捷徑	【民國】袁樹珊、李雨田	命理經典未刪改足本
30	段氏白話命學綱要	【民國】段方	民初命理經典最淺白易懂
31	命理用神精華	【民國】王心田	學命理者之寶鏡

32	命學探驪集	【民國】張巢雲	發前人所未發 稀見民初子平命理著作
33	澹園命談	【民國】高澹園	
34	算命一讀通——鴻福齊天	【民國】不空居士、覺先居士合纂	
35	子平玄理	【民國】施惕君	
36	星命風水秘傳百日通	心一堂編	
37	命理大四字金前定	題【晉】鬼谷子王詡	源自元代算命術
38	命理斷語義理源深	心一堂編	稀見清代批命斷語及活套
39-40	文武星案	【明】陸位	失傳四百年《張果星宗》姊妹篇 千多星盤命例 研究命學必備
相術類			
41	新相人學講義	【民國】楊叔和	失傳民初白話文相術書
42	手相學淺說	【民國】黃龍	民初中西結合手相學經典
43	大清相法	心一堂編	重現失傳經典相書
44	相法易知	心一堂編	
45	相法秘傳百日通	心一堂編	
堪輿類			
46	靈城精義箋	【清】沈竹礽	
47	地理辨正抉要	【清】沈竹礽	
48	《玄空古義四種通釋》《地理疑義答問》合刊	沈瓞民	沈氏玄空遺珍 玄空風水必讀
49	《沈氏玄空吹虀室雜存》《玄空捷訣》合刊	【民國】申聽禪	
50	漢鏡齋堪輿小識	【民國】查國珍、沈瓞民	
51	堪輿一覽	【清】孫竹田	失傳已久的無常派玄空經典
52	章仲山挨星秘訣（修定版）	【清】章仲山	章仲山無常派玄空珍秘 門內秘本首次公開 沈竹礽等大師尋覓一生未得之珍本！
53	臨穴指南	【清】章仲山	
54	章仲山宅案附無常派玄空秘要	心一堂編	
55	地理辨正補	【清】朱小鶴	玄空六派蘇州派代表作
56	陽宅覺元氏新書	【清】元祝垚	簡易·有效·神驗之玄空陽宅法
57	地學鐵骨秘 附 吳師青藏命理大易數	【民國】吳師青	釋玄空廣東派地學之秘
58-61	四秘全書十二種（清刻原本）	【清】尹一勺	玄空湘楚派經典本來面目 有別於錯誤極多的坊本

62	地理辨正補註　附 元空秘旨　天元五歌　玄空精髓　心法秘訣等數種合刊	【民國】胡仲言	貫通易理、巒頭、三元、三合、天星、中醫
63	地理辨正自解	【清】李思白	公開玄空家「分率尺、工部尺、量天尺」之秘
64	許氏地理辨正釋義	【民國】許錦灝	民國易學名家黃元炳力薦
65	地理辨正天玉經內傳要訣圖解	【清】程懷榮	秘訣一語道破，圖文并茂
66	謝氏地理書	【民國】謝復	玄空體用兼備、深入淺出
67	論山水元運易理斷驗、三元氣運說附紫白訣等五種合刊	【宋】吳景鸞等	失傳古本《玄空秘旨》《紫白訣》
68	星卦奧義圖訣	【清】施安仁	三元玄空門內秘笈　清鈔孤本 過去均為必須守秘不能公開秘密 與今天流行飛星法不同
69	三元地學秘傳	【清】何文源	
70	三元玄空挨星四十八局圖說	心一堂編	
71	三元挨星秘訣仙傳	心一堂編	
72	三元地理正傳	心一堂編	
73	三元天心正運	心一堂編	
74	元空紫白陽宅秘旨	心一堂編	
75	玄空挨星秘圖　附 堪輿指迷	心一堂編	
76	姚氏地理辨正圖說　附 地理九星并挨星真訣全圖　秘傳河圖精義等數種合刊	【清】姚文田等	蓮池心法　玄空六法 門內秘鈔本首次公開
77	元空法鑑批點本——附 法鑑口授訣要、秘傳玄空三鑑奧義匯鈔　合刊	【清】曾懷玉等	
78	元空法鑑心法	【清】曾懷玉等	
79	曾懷玉增批蔣徒傳天玉經補註【新修訂版原（彩）色本】	【清】項木林、曾懷玉	
80	地理學新義	【民國】俞仁宇撰	揭開連城派風水之秘
81	地理辨正揭隱（足本）附連城派秘鈔口訣	【民國】王邈達	
82	趙連城傳地理秘訣附雪庵和尚字字金	【明】趙連城	
83	趙連城秘傳楊公地理真訣	【明】趙連城	
84	地理法門全書	仗溪子、芝罘子	巒頭風水，內容簡核、深入淺出
85	地理方外別傳	【清】熙齋上人	巒頭形勢、「望氣」「鑑神」
86	地理輯要	【清】余鵬	集地理經典之精要
87	地理秘珍	【清】錫九氏	巒頭、三合天星，圖文並茂
88	《羅經舉要》附《附三合天機秘訣》	【清】賈長吉	清鈔孤本羅經、三合訣法圖解
89-90	嚴陵張九儀增釋地理琢玉斧巒	【清】張九儀	清初三合風水名家張九儀經典清刻原本！

91	地學形勢摘要	心一堂編	形家秘鈔珍本
92	《平洋地理入門》《巒頭圖解》合刊	【清】盧崇台	平洋水法、形家秘本
93	《鑒水極玄經》《秘授水法》合刊	【唐】司馬頭陀、【清】鮑湘襟	千古之秘，不可妄傳匪人
94	平洋地理闡秘	心一堂編	雲間三元平洋形法秘鈔珍本
95	地經圖說	【清】余九皋	形勢理氣、精繪圖文
96	司馬頭陀地鉗	【唐】司馬頭陀	流傳極稀《地鉗》
97	欽天監地理醒世切要辨論	【清】欽天監	公開清代皇室御用風水真本
三式類			
98-99	大六壬尋源二種	【清】張純照	六壬入門、占課指南
100	六壬教科六壬鑰	【民國】蔣問天	由淺入深，首尾悉備
101	壬課總訣	心一堂編	過去術家不外傳的珍稀六壬術秘鈔本
102	六壬秘斷	心一堂編	
103	大六壬類闡	心一堂編	
104	六壬秘笈——韋千里占卜講義	【民國】韋千里	六壬入門必備
105	壬學述古	【民國】曹仁麟	依法占之，「無不神驗」
106	奇門揭要	心一堂編	集「法奇門」、「術奇門」精要
107	奇門行軍要略	【清】劉文瀾	條理清晰、簡明易用
108	奇門大宗直旨	劉毗	天下孤本　首次公開 虛白廬藏本《秘藏遁甲天機》 奇門不傳之秘　應驗如神
109	奇門三奇干支神應	馮繼明	
110	奇門仙機	題【漢】張子房	
111	奇門心法秘纂	題【漢】韓信（淮陰侯）	
112	奇門廬中闡秘	題【三國】諸葛武侯註	
選擇類			
113-114	儀度六壬選日要訣	【清】張九儀	清初三合風水名家張九儀擇日秘傳
115	天元選擇辨正	【清】一園主人	釋蔣大鴻天元選擇法
其他類			
116	述卜筮星相學	【民國】袁樹珊	民初二大命理家南袁北韋 南袁之術數經典
117-120	中國歷代卜人傳	【民國】袁樹珊	

心一堂術數古籍珍本叢刊　第二輯書目

占筮類			
121	卜易指南(二種)	【清】張孝宜	民國經典，補《增刪卜易》之不足
122	未來先知秘術——文王神課	【民國】張了凡	內容淺白、言簡意賅、條理分明
星命類			
123	人的運氣	汪季高(雙桐館主)	五六十年香港報章專欄結集！
124	命理尋源	【民國】徐樂吾	民國三大子平命理家徐樂吾必讀經典！
125	訂正滴天髓徵義		
126	滴天髓補註 附 子平一得		
127	窮通寶鑑評註 附 增補月談賦 四書子平		
128	古今名人命鑑		
129-130	紫微斗數捷覽(明刊孤本)[原(彩)色本] 附 點校本 (上)(下)	馮一、心一堂術數古籍整理編校小組 整理	明刊孤本 首次公開！
131	命學金聲	【民國】黃雲樵	民國名人八字、六壬奇門推命
132	命數叢譚	【民國】張雲溪	子平斗數共通、百多民國名人命例
133	定命錄	【民國】張一蟠	民國名人八十三命例詳細生平
134	《子平命術要訣》《知命篇》合刊	【民國】鄒文耀、【民國】胡仲言 撰	《子平命術要訣》科學命理；《知命篇》易理皇極、命理地理、奇門六壬互通
135	科學方式命理學	閻德潤博士	匯通八字、中醫、科學原理！
136	八字提要	韋千里	民國三大子平命理家韋千里必讀經典！
137	子平實驗錄	【民國】孟耐園	作者四十多年經驗 占卜奇靈 名震全國！
138	民國偉人星命錄	【民國】囂囂子	幾乎包括所民初總統及國務總理八字！
139	千里命鈔	韋千里	失傳民初三大命理家-韋千里 代表作
140	斗數命理新篇	張開卷	現代流行的「紫微斗數」內容及形式上深受本書影響
141	哲理電氣命數學——子平部	【民國】彭仕勛	命局按三等九級格局、不同術數互通借用
142	《人鑑——命理存驗・命理擷要》(原版足本)附《林庚白家傳》	【民國】林庚白	傳統子平學修正及革新、大量名人名例
143	《命學苑苑刊——新命》(第一集)附《名造評案》《名造類編》等	【民國】林庚白、張一蟠等撰	史上首個以「唯物史觀」來革新子平命學結集
相術類			
144	中西相人探原	【民國】袁樹珊	按人生百歲，所行部位，分類詳載
145	新相術	【美國】李拉克福原著、【民國】沈有乾編譯	通過觀察人的面相身形、色澤舉止等，得知性情、能力、習慣、優缺點等
146	骨相學	【民國】風萍生編著	結合醫學中生理及心理學，影響近代西、日、中相術深遠
147	人心觀破術 附運命與天稟	【日本】管原如庵、加藤孤雁原著，【民國】唐真如譯	觀破人心、運命與天稟的奧妙

148	《人相學之新研究》《看相偶述》合刊	盧毅安	集中外大成，無不奇驗；影響近代香港相術名著
149	冰鑑集	【民國】碧湖鷗客	各家相法精華、相術捷徑、圖文並茂附名人照片
150	《現代人相百面觀》《相人新法》合刊	【民國】吳道子輯	失傳民初相學經典二種　重現人間！
151	性相論	【民國】余晉龢	民初北平公安局專論相學與犯罪專著（犯罪學生物學派）
152	《相法講義》《相理秘旨》合刊	韋千里、孟瘦梅	命理學大家韋千里經典、傳統相術秘籍精華
153	《掌形哲學》附《世界名人掌形》《小傳》	【民國】余萍客	圖文并茂、附歐美名人掌形圖及生平簡介
154	觀察術	【民國】吳貴長	可補充傳統相術之不足
堪輿類			
155	羅經消納正宗	【明】沈昇撰、【明】史自成、丁孟章合纂	失傳四庫存目珍稀風水古籍
156	風水正原	【清】余天藻	●積德為求地之本，形家必讀！
157	安溪地話（風水正原二集）		●純宗形家，與清代欽天監地理風水主張大致相同
158	《蔣子挨星圖》附《玉鑰匙》	【清】蔣大鴻等傳	窺知無常派章仲山一脈真傳奧秘
159	樓宇寶鑑	吳師青	陽宅風水必讀、現代城市樓宇風水看法改革
160	《香港山脈形勢論》《如何應用日景羅經》合刊		香港風水山脈形勢專著
161	三元真諦稿本——讀地理辨正指南	【民國】王元極	被譽為蔣大鴻、章仲山後第一人 內容直接了當，盡揭三元玄空家之秘
162	三元陽宅萃篇		
163	王元極增批地理冰海　附批點原本地理冰海	【清】高守中　【民國】王元極	
164	地理辨正發微	【清】唐南雅	極之清楚明白，披肝露膽
165-167	增廣沈氏玄空學　附　仲山宅斷秘繪稿本三種、自得齋地理叢說稿鈔本（上）（中）（下）	【清】沈竹礽	玄空必讀經典！附《仲山宅斷》幾種鈔本及批點本，畫龍點睛、披肝露膽，道中刊印本未點破的秘訣
168-169	巒頭指迷（上）（下）	【清】尹貞夫原著、【民國】何廷珊增訂、批注	圖文并茂：龍、砂、穴、水、星辰九十九變 洩漏天機：蔣大鴻、賴布衣挨星秘訣及用法
170-171	三元地理真傳（兩種）（上）（下）	【清】趙文鳴	蔣大鴻嫡派真傳張仲馨一脈二十種家傳秘本、宅墓案例三十八圖，並附天星擇日
172	三元宅墓圖　附　家傳秘冊		
173	宅運撮要	【民國】尤惜陰（演本法師）、榮柏雲	撮三集《宅運新案》之精要
174	章仲山秘傳玄空斷驗筆記　附　章仲山斷宅圖註	【清】章仲山傳、【清】唐鷺亭纂	無常派玄空不外傳秘中秘！二宅實例有斷驗及改造內容
175	汪氏地理辨正發微　附　地理辨正真本	【清】蔣大鴻、姜垚原著、【清】汪云吾發微	蔣大鴻嫡派張仲馨一脈三元理、法、訣具體泄露 三百年來最佳《地理辨正》註解！石破天驚！
176	蔣大鴻家傳歸厚錄汪氏圖解	【清】蔣大鴻、【清】汪云吾圖解	
177	蔣大鴻嫡傳三元地理秘書十一種批注	【清】蔣大鴻原著、【清】汪云吾、【清】劉樂山註	

心一堂術數古籍珍本叢刊 第二輯書目

178	《星氣(卦)通義(蔣大鴻秘本四十八局圖并打劫法)》《天驚秘訣》合刊	題【清】蔣大鴻 著	江西興國真傳三元風水秘本
179	蔣大鴻嫡傳天心相宅秘訣全圖附陽宅指南等秘書五種	【清】蔣大鴻編訂、【清】汪云吾、劉樂山註	蔣大鴻徒張仲馨秘傳陽宅風水「教科書」！
180	家傳三元地理秘書十三種		真天宮之秘 千金不易之寶
181	章仲山門內秘傳《堪輿奇書》附《天心正運》	【清】章仲山傳、【清】華湛恩	直洩無常派章仲山玄空風水不傳之秘
182	《挨星金口訣》、《王元極增批補圖七十二葬法訂本》合刊	[民國]王元極	秘中秘——玄空挨星真訣公開！字字千金！
183-184	《家傳三元古今名墓圖集附謝氏水鉗》《蔣氏三元名墓圖集》合刊(上)(下)	(清)孫景堂，劉樂山，張稼夫	蔣大鴻嫡傳風水宅案、幕講師、蔣大鴻、姜垚等名家多個實例，破禁公開！
185-186	《山洋指迷》足本兩種 附《尋龍歌》(上)(下)	【明】周景一	風水巒頭形家必讀《山洋指迷》足本！
187-196	蔣大鴻嫡傳水龍經注解 附 虛白廬藏珍本水龍經四種(1-10)	【清】蔣大鴻編訂、【清】楊臥雲、汪云吾、劉樂山註	蔣大鴻嫡傳一脈授徒秘笈 希世之寶 千年以來，師師相授之秘旨，破禁公開！完整了解蔣氏嫡派真傳一脈三元理、法、訣！附已知最古《水龍經》鈔本等五種稀見《水龍經》
197	批注地理辨正直解	【清】章仲山	無常派玄空必讀經典未刪改本！
198	《天元五歌闡義》附《元空秘旨》(清刻原本)		
199	心眼指要(清刻原本)		
200	華氏天心正運	【清】華湛恩	
201-202	批注地理辨正再辨直解合編(上)(下)	【清】蔣大鴻原著、【清】姚銘三再註、【清】章仲山直解	失傳姚銘三玄空經典重現人間！名家：沈竹礽、王元極推薦！
203	章仲山注《玄機賦》《元空秘旨》附《口訣中秘訣》《因象求義》等九種合刊	【清】章仲山	近三百年來首次公開！ 章仲山無常派玄空秘密，和盤托出！章仲山注《玄機賦》及章仲山原傳之口訣及筆記
204	章仲山門內真傳《三元九運挨星篇》《運用篇》《挨星定局篇》《口訣篇》等合刊	【清】章仲山、柯遠峰等	
205	章仲山門內真傳《大玄空秘圖訣》《天驚訣》《飛星要訣》《九星斷略》《得益錄》等合刊	【清】章仲山、冬園子等	
206	撼龍經真義	吳師青註	近代香港名家吳師青必讀經典
207	章仲山嫡傳《翻卦挨星圖》《秘鈔元空秘旨》 附《秘鈔天元五歌闡義》	【清】章仲山傳、【清】王介如輯撰	透露章仲山家傳玄空嫡傳學習次弟及關鍵不傳之秘
208	章仲山嫡傳秘鈔《秘圖》《節錄心眼指要》合刊		
209	《談氏三元地理大玄空實驗》附《談養吾秘稿奇門占驗》	【民國】談養吾撰	史上首次公開「無常派」下卦起星等挨星秘密之書
210	《談氏三元地理濟世淺言》附《打開一條生路》		了解談氏入世的易學卦德爻象思想
211-215	《地理辨正集註》附 《六法金鎖秘》《巒頭指迷真詮》《作法雜綴》等(1-5)	【清】尋緣居士	集《地理辨正》一百零八家註解大成精華匯巒頭及蔣氏、六法、無常、湘楚等秘本史上最大篇幅的《地理辨正》註解
216	三元大玄空地理二宅實驗(足本修正版)	【民國】尤惜陰(演本法師)、榮柏雲撰	三元玄空無常派必讀經典足本修正版

心一堂術數古籍珍本叢刊　第二輯書目

217	蔣徒呂相烈傳《幕講度針》附《元空秘斷》《陰陽法竅》《挨星作用》	【清】呂相烈	蔣大鴻門人呂相烈三元秘本三百年來首次破禁公開！
218	挨星撮要（蔣徒呂相烈傳）		
219-221	《沈氏玄空挨星圖》《沈註章仲山宅斷未定稿》《沈氏玄空學（四卷原本）》合刊（上中下）	【清】沈竹礽 等	揭開沈氏玄空挨星五行吉凶斷的變化及不同用法　章仲山宅斷未刪本、沈氏玄空學原本佚文、玄空挨星圖稿鈔本 大公開！
222	地理穿透真傳（虛白廬藏清初刻原本）	【清】張九儀	三合天星家宗師張九儀畢生地學精華結集
223-224	地理元合會通二種（上）（下）	【清】姚炳奎	分發兩家（三元、三合）之秘，會通其用　詳解注羅盤（蔣盤、賴盤）；義理、斷驗俱精
其他類			
225	天運占星學 附 商業周期、股市粹言	吳師青	天星預測股市，神準經典
226	易元會運	馬翰如	《皇極經世》配卦以推演世運與國運
三式類			
227	大六壬指南（清初木刻五卷足本）		六壬學占驗課案必讀經典海內善本
228-229	甲遁真授秘集（批注本）（上）（下）	【清】薛鳳祚	明清皇家欽天監秘傳奇門遁甲　奇門、易經、皇極經世結合經典
230	奇門詮正	【民國】曹仁麟	簡易、明白、實用，無師自通！
231	大六壬探源	【民國】袁樹珊	民初三大命理家袁樹研究六壬四十餘年代表作
232	遁甲釋要	【民國】徐昂	推衍遁甲、易學、洛書九宮大義！
233	《六壬卦課》《河洛數釋》《演玄》合刊		疏理六壬、河洛數、太玄隱義！
234	六壬指南（【民國】黃企喬）	【民國】黃企喬	失傳經典 大量實例
選擇類			
235	王元極校補天元選擇辨正	原【清】謝少暉輯、【民國】王元極校補	三元地理天星選日必讀
236	王元極選擇辨真全書 附 秘鈔風水選擇訣	【民國】王元極	王元極天昌館選擇之要旨
237	蔣大鴻嫡傳天星選擇秘書注解三種	【清】蔣大鴻編訂、【清】楊臥雲、汪云吾、劉樂山註	蔣大鴻陰陽二宅天星擇日日課案例！
238	增補選吉探源	【民國】袁樹珊	按表檢查，按圖索驥：簡易、實用！
239	《八風考略》《九宮撰略》《九宮考辨》合刊	沈瓞民	會通沈氏玄空飛星立極、配卦深義
其他類			
240	《中國原子哲學》附《易世》《易命》	馬翰如	國運、世運的推演及預言